Hugo Ehrensberger

Bibliotheca Liturgica Manuscripta

Nach Handschriften der Grossherzoglich-badischen Hof- und Landesbibliothek

Hugo Ehrensberger

Bibliotheca Liturgica Manuscripta
Nach Handschriften der Grossherzoglich-badischen Hof- und Landesbibliothek

ISBN/EAN: 9783742888914

Hergestellt in Europa, USA, Kanada, Australien, Japan

Cover: Foto ©Thomas Meinert / pixelio.de

Manufactured and distributed by brebook publishing software (www.brebook.com)

Hugo Ehrensberger

Bibliotheca Liturgica Manuscripta

Aus dem Evangeliarium ecclesiae Bruchsal.

(XV. 4).

BIBLIOTHECA LITURGICA
MANUSCRIPTA.

NACH

HANDSCHRIFTEN

DER

GROSSHERZOGLICH BADISCHEN
HOF- UND LANDESBIBLIOTHEK

VON

HUGO EHRENSBERGER.

MIT EINEM VORWORTE VON WILHELM BRAMBACH.

KARLSRUHE.
VERLAG VON CH. TH. GROOS.
1889.

Inhalt.

	Seite
Vorwort	V
I. Psalterium	1
II. Antiphonarium	11
III. Hymnarium	16
IV. Lectionarium. Homiliarium. Passionale	18
V. Breviarium	22
VI. Diurnum	30
VII. Martyrologium	36
VIII. Collectarius	38
IX. Officia breviarii selecta	41
X. Responsoria	42
XI. Vesperale	43
XII. Horae	44
XIII. Sacramentarium	50
XIV. Epistolarium	51
XV. Evangeliarium	52
XVI. Lectionarium Missae	53
XVII. Graduale	54
XVIII. Sequentiarium	58
XIX. Missale	59
XX. Directorium. Ordo	64
XXI. Processionale	66
XXII. Rituale	70
XXIII. Rituale et Processionale	73
Register	79

ABKÜRZUNGEN.

Den einzelnen Nummern der Bibliotheca liturgica manuscripta ist in Klammern eine Standortssignatur beigefügt, deren Erklärung sich im nachstehenden Abkürzungsverzeichnisse findet.

A.	Augiensis (von Reichenau).
B.	St. Blasien.
B. M. V.	Beata Maria Virgo.
Br.	Bruchsal.
Chr.	Christus.
cm.	Centimeter.
col.	Kolumne.
D.	Durlach.
D.N.J.Chr.	Dominus noster Jesus Christus.
E.	Ettenheim-Münster.
f.	folium, folio, folia.
Ge.	Gengenbach.
Geo.	St. Georgen zu Villingen.
Gü.	Güntersthal.
h.	heilig.
K.	Karlsruhe.
L.	Lichtenthal.
M.	St. Märgen.
m.	membranaceus.
Me.	Meersburg.
p. = pag.	pagina, paginae.
pap.	Papier.
Pm.	St. Peter Pergament (membranaceus).
Pp.	St. Peter Papier (papyraceus).
S.	Schuttern.
s.	saeculi.
Schw.	Schwarzach.
T.	Thennenbach.
W.	Wonnenthal.
x.	Unbestimmter Herkunft.

Vorwort.

Die wissenschaftliche Anregung, welche von Papst Benedikt XIV. ausging, hat auf dem Gebiete der liturgischen Forschungen die schönsten Früchte gezeitigt.

Nachdem unter den Päpsten Pius V. und Clemens VIII. eine durchgreifende Ordnung in den Kirchenbüchern zu Stande gekommen war, erwachte bei hervorragenden Gelehrten, wie Edmund Martène, Jos. Maria Tommasi, Joh. Mabillon, der geschichtliche Sinn für die Urformen des Gottesdienstes und führte sie zu den verschollenen Denkmälern und Schriftwerken der älteren Liturgien zurück. Diese wissenschaftliche Strömung, welche im 18. Jahrhundert sich immer stärker kundgab, wusste nun Benedikt XIV. in die beste Bahn zu lenken.

In Rom trat eine liturgische Schule in Thätigkeit, an der Universität zu Coimbra wurde durch den Papst eine ›Cathedra sacrorum rituum‹ gestiftet, Jos. Aloys Assemani veröffentlichte seinen Codex liturgicus, und bald darauf begann Martin Gerbert zu Sankt Blasien im Schwarzwalde, anfangs ohne Kenntnis der päpstlichen Einrichtungen, dann ermuthigt durch das erhabene Beispiel, die glänzende Reihe seiner Arbeiten über den kirchlichen Gottesdienst. Bedeutung der gottesdienstlichen Gebräuche, Form der heiligen Handlungen, Wortlaut der Gebete und Lesungen, Mitwirkung der Musik, alles wurde von dem unermüdlichen Forscher nach den Quellen neu untersucht. Bis in die Regierungszeit Pius VI., welcher ehemals dem gelehrten Benedikt als Mitarbeiter und Helfer zur Seite gestanden, blühten die liturgischen Studien, wie wir aus Franc. Ant. Zaccaria's Bibliotheca ritualis ersehen. Seit dem Ende des 18. Jahrhunderts aber scheinen sie fast zu erlöschen und nur bei wenigen Gelehrten, wie Th. Chr. Wilh. Augusti, Ant. Jos. Binterim, noch spärliche Pflege zu finden. Erst der Aufschwung der christlichen Alterthumskunde in den letzten Jahrzehnten lässt eine Wendung zum Besseren, das heisst eine Rückkehr zu der vor etwa hundert Jahren unterbrochenen Arbeit erkennen.

Wie Benedikt XIV. mit seinen Unternehmungen bei katholischen und andersgläubigen Fürsten und Gelehrten reichen Beifall fand, so waren Gerberts Werke unter seinen Fach- und Glaubensgenossen nicht weniger willkommen, als am kaiserlichen Hofe zu Wien und bei seinem fürstlichen Nachbarn, dem Markgrafen Karl Friedrich von Baden. Für letzteren Umstand findet sich ein schönes Zeugnis in der Widmung, welche den Quellenschriften über kirchliche Musik vorausgeht: CAROLO . FRIDERICO PRINCIPI . BADENSI FELICI PATRI . PATRIAE QVOD . LABENTE . ANNO QVEM . DEGIMVS POST . CHRISTVM . NATVM MDCCLXXXIV . HAEREDE . MASCVLO PRIMOGENITO CAROLI . LVDOVICI . FILII ET AMALIAE . FRIDERICAE HASSIACAE . DARMSTADIENSIS BEATVS VETERIS . LATII . MONVMENTVM THERMAS . AVGVSTAS APVD . VILLAM . AQVENSEM IN . ADITV . NIGRAE . SILVAE OCCIDENTALI FELICITER . RVSPATVS IN . APRICVM . DEDVCTAS RESTITVIT ADPLAVDIT MARTINVS . GERBERTVS MONASTERII . ET . CONGREGATIONIS S . BLASII IN . NIGRA . SILVA ABBAS . S . Q . R . I . P.

Damals waren schon 25 Jahre verflossen, seit Gerbert sein Lehrbuch der liturgischen Theologie veröffentlicht hatte. Er sagt darin (Principia theologiae liturgicae . Typis Princ. Monast. S. Blasii. 1759, praefat.): intellexi non sine ingenti animi voluptate, in arce orbis catholici Roma, sanctissimae, et immortalis memoriae pontificem optimum maximum BENEDICTVM XIV. ad constituendam scholam liturgicam adjecisse animum, ac admovisse curam rei christianae saluberrimam, instituto autem meo apprime consentaneam. Cum enim antea quidem plerasque disciplinas theologicas, quas ad vitandam confusionem inter se distinctas, ordine nihilominus, et accurata methodo connexas jamjam in lucem edidi, in scholis publicis deprehenderem, de *liturgica* uspiam florente nihil unquam rescivi, donec allatae ad nos editionis operum omnium PROSPERI *a Lambertinis*, seu BENEDICTI XIV. tomus primus de institutione nuperrime facta in celebri Conimbricensi academia me edoceret. Quod non potuit non mirifice delectare, me ejus rei plane ignarum paria agitasse consilia, seorsim tractando principia theologiae liturgicae, quae insignis theologiae christianae portio in tradendo cursu theologico fere negligebatur, pauca si excipias in *polemica* dispersa de cultu sanctorum, et reliquiarum . . . .

So wurde Gerbert für Deutschland der Begründer wissenschaftlichen Unterrichts in der Liturgie. Er sah sehr wohl die Nothwendigkeit neuer Quellenforschung ein und brachte dann auch auf seinen Reisen seit dem Jahre 1760 eine Fülle von Nachrichten über liturgische Handschriften und Geräthe zusammen. Durch die Wahl zum Fürstabte von Sankt Blasien 1764, den Brand und Wiederaufbau des Klosters 1768—1783 wurde er zwar vielfach der Wissenschaft entzogen, aber er blieb seiner Neigung treu. Unter mannichfachen Regierungsgeschäften wurde die gelehrte Arbeit wohl etwas langsamer, aber zielbewusst gefördert. Davon zeugen die bahnbrechenden Werke: De cantu et musica sacra (1774), Vetus liturgia Alemannica (1776), Monumenta veteris liturgiae Alemannicae (1777—9) und die bereits erwähnten Scriptores ecclesiastici de musica sacra (1784). Auch seine Klostergenossen widmeten der Liturgie nun sorgfältige Beachtung, wie ein Versuch, das Breviarium monasticum neu zu gestalten, uns zeigt. Diese umfangreiche Arbeit hat sich handschriftlich in der Grossherzoglichen Hof- und Landesbibliothek zu Karlsruhe erhalten.

Neben der ruhmvollen Wirksamkeit des Fürstabtes von Sankt Blasien ging still und unscheinbar, aber nicht fruchtlos, die gelehrte Thätigkeit eines Abtes von Sankt Peter im Schwarzwalde einher. Philipp Jakob Steyrer (1749—1795) trug nicht weniger Sorge, als der Sankt Blasianer Ordensgenosse, für sein Kloster, welches er ebenfalls neu aufzubauen hatte. Seinen historischen Sinn bekundete er dadurch, dass er die Grabmäler der Herzoge von Zähringen erneuerte. Er war als Geschichtschreiber und Rechtsgelehrter thätig und sammelte eine werthvolle Handschriftenbibliothek, in welcher die Liturgie eine hervorragende Stelle einnahm. Hierfür liess er ankaufen, was ihm an geschriebenen Kirchenbüchern auf süd- und norddeutschem Markte begegnete.

Die Handschriften von Sankt Peter wurden im Jahre 1807 in die Grossherzogliche Hofbibliothek zu Karlsruhe verbracht. Ebendahin gelangte die an liturgischen Büchern reiche Handschriftenbibliothek von Reichenau, sowie Kirchenbücher aus den Klöstern Ettenheim-Münster, Gengenbach, Güntersthal, Lichtenthal, Sankt Blasien, Sankt Georgen zu Villingen, Sankt Märgen, Schuttern, Schwarzach, aus dem Franciskanerkloster Tauberbischofsheim, aus Thennenbach, Wonnenthal, sowie aus den Kirchen zu Bruchsal und Meersburg.*)

---

*) Vor Aufhebung der Klöster in Baden befanden sich in der Markgräflichen Hofbibliothek schon vereinzelte liturgischen Handschriften, nämlich

Betrachten wir die Herstellungszeit dieses Handschriftenschatzes, so begegnen uns Schriftstücke aus der vorkarolingischen Zeit bis hinab zum 18. Jahrhundert, so dass wir die Entwicklung von mehr als einem Jahrtausend vor uns haben.

Schon als ich im »Psalterium« die allgemeinen Gesichtspunkte für bibliographische Behandlung der liturgischen Bücher aufzustellen suchte und bei den besten Kennern — von katholischer, wie protestantischer Seite — Beifall fand, fasste ich den Plan, eine Beschreibung jener liturgischen Handschriften zu veröffentlichen. Wirklichen Erfolg von dem Unternehmen konnte ich mir jedoch nur versprechen, wenn ein erfahrener Theologe den Inhalt der überaus mannichfaltigen Schriftwerke prüfte. Hierzu hat sich nun glücklich ein durch Studium und kirchliche Übung befähigter Gelehrter gefunden. Herr Professor Hugo Ehrensberger hat unsere liturgischen Handschriften nach ihrer inneren Anlage untersucht. Auf meinen Wunsch hat er für jede einzelne Buchgattung deren allgemein gültige Kennzeichen zusammen gestellt und auch solche angegeben, welche einem Theologen selbstverständlich scheinen müssen, damit allen Bibliographen, nicht nur theologisch gebildeten, sondern auch Laien, hier ein verständliches Hülfsmittel zum Erkennen und Bestimmen von liturgischen Schriften geboten werde. Es schien mir ein solches Verfahren deshalb nothwendig, weil diese Schriftwerke oft namenlos auftreten und durch die Vielgestaltigkeit ihres Inhaltes auf den Laien verwirrend wirken.

Man begegnet, selbst bei Gelehrten, der Ansicht, dass der Inhalt liturgischer Bücher sehr oft ohne Interesse sei, dass diese mehr palaeographischen und kunstgeschichtlichen Werth hätten. Doch lassen sich auch für ihre inhaltliche Bedeutung recht gewichtige Namen und Zahlen ins Feld führen. Ich will nicht davon reden, dass der Theologe, sowohl der protestantische wie der katholische, über die Geschichte seiner Liturgie sehr im Unklaren bliebe, wenn er die vortridentinischen Kirchenbücher nicht mehr einsehen könnte. Auch was die liturgischen Bücher als Quellen für die Geschichte der Dogmen, der Seelsorge, für unsere Kennt-

---

Durlach 1 Horae saeculi XV. (unten S. 44 n. 2), sowie einige Stücke, welche zur übrigen Sammlung in weniger nahen Beziehung zu stehen scheinen: *Rastatt n. 30* Horae saeculi XV., aus dem Besitze der Grafen von Zimmern. — *Karlsruhe n.* 92—93 „LIVRE D'EGLISE TOM. I. II." = Psalterium cum officio B. M. V. saeculi XV. — *Karlsruhe n.* 389 Diurnum scriptum a. 1504 aus der Von der Hardt'schen Bibliothek (früher im Kloster Sankt Pancratius zu Hamersleben). —

nis der lateinischen Poesie, der kirchlichen und profanen Musik im Mittelalter zu bedeuten haben, ist von nicht geringerem Belang, als ihre Ausstattung in Schrift und Bild. Wohl aber möchte ich auf den Nutzen hinweisen, welchen die sprachlichen und historischen Wissenschaften aus diesen Büchern ziehen. Hier begegnen uns in den vorzüglichsten Handschriften, neben der Bibel, die letzten Vertreter der klassischen und die ersten Begründer der mittelalterlichen Latinität: nach Römischem Brauche allein sind von Augustinus 158 grössere Lesestücke, von Ambrosius 76, von Hieronymus 49, von Leo dem Grossen 33, von Gregor dem Grossen 83 in die Nokturnalgebete übergegangen. Für die Textkritik bieten letztere neben der sonstigen Überlieferung die beste Hülfe. Noch erheblicher sind für die geschichtliche Forschung die reichen liturgischen Sammlungen der Vitae Sanctorum. Wie wäre es mit deren Texten bestellt, wenn sich nicht die mittelalterlichen Lektionarien (Passionalien, Legendarien, Martyrologien) erhalten hätten! Ein Blick auf die neuen Arbeiten der Bollandisten wird hier das Richtige lehren.

Kurz, ein Bibliothekar, welcher für die liturgischen Bücher seiner Anstalt sorgt, darf überzeugt sein, dass er nicht nur seine Pflicht als Verwalter eines anvertrauten Gutes erfüllt — und eines Gutes, das buchhändlerisch bekanntlich sehr hoch geschätzt wird —, sondern dass er auch in den Dienst der Wissenschaft getreten ist.

Ich glaube, zur Erkenntnis dieser Wahrheit wird vorliegende Schrift beitragen. Dass sie erscheinen konnte, verdanken wir SEINER EXCELLENZ HERRN GEHEIMEN RATH UND PRÄSIDENTEN DR. W. NOKK, dessen Fürsorge für Wissenschaft und Kunst anerkannt und wohl bewährt ist.

Karlsruhe, 28. Januar 1889.

W. Brambach.

Bibliotheca liturgica manuscripta.

I. Psalterium.

Die kirchlichen Psalterien sind folgendermassen zu unterscheiden
1. **Psalterium**, in der biblischen Reihenfolge ohne irgendwelche Eintheilung oder Zusätze für den Chordienst. Beigegeben sind regelmässig die 10 Cantica aus dem Ordinarium officii de tempore und im Psalterium monasticum (Benedictinum, Cisterciense) die Cantica dominicalia et festiva, d. h. jene Theile aus dem Alten Testamente, meistens aus den Propheten, welche der h. Benedikt statt der Psalmen in die 3. Nokturn aufnahm, ferner immer Te Deum, Symbolum Athanasii, sehr oft Pater noster, Ave (ohne »Sancta Maria etc.«), Symbolum apostolicum und Litania mit Orationes.
2. **Psalterium feriatum**, ebenfalls in der biblischen Reihenfolge mit den Beigaben, aber durch grössere Initialen oder Einzeichnung der Tage (Dominica, feria II.—VI., Sabbatum) für den Chordienst eingerichtet.
3. **Psalterium feriatum cum ordinario officii de tempore**, wie das vorhergehende, jedoch sind zugesetzt: Die Invitatorien und Antiphonen, Versus, auch Anfänge der Laudes-Psalmen, Hymnen und Capitula. Letztere beiden sind zuweilen ganz eingeschrieben.
4. **Psalterium dispositum per hebdomadam cum ordinario officii de tempore**, d. h. die biblische Reihenfolge ist verlassen, die Psalmen sind für die Zwecke des Stundengebetes geordnet, und das Ordinarium de tempore, welches die oben unter Nr. 3 genannten Zusätze enthält, ist eingeschoben. Oft sind die Invitatorien und Antiphonen mit Musiknoten versehen, auch der Tonus spalmi am Rande beigefügt.

Voraus geht häufig der Kalender. In besonderen Abschnitten, abgesehen vom Ordinarium de tempore, erscheinen als Beigaben: Antiphonae, Capitula, Hymni, Collectae, die Anfänge der Septem psalmi poenitentiales et quindecim graduum mit Orationes, Orationes ante missam — accessus — et post missam — recessus, die Toni psalmorum und Tabulae tonorum (Intonationes). Längere Psalmen wurden beim Chorgebete zerlegt und die Abtheilungen mit ›Divisio‹ oder ›Gloria Patri‹ bezeichnet. Diese Bezeichnungen finden sich gewöhnlich am Rande. Ferner sind als gesonderte Theile den Psalteria monialium in deutscher Sprache Gebetsmeinungen für das Beten einzelner oder mehrerer Psalmen oder für das Psalmengebet überhaupt vorausgeschickt. Nicht selten wurden solche Intentionen auch auf den obern oder untern Rand im Psalterium selbst gesetzt.

1. **Psalterium feriatum.** 171 f. m. 27,1 × 19,6 cm. s. XI.

    f. 1. Antiphonae ad laudes cum initiis psalmorum. — 1'. Initia psalmorum ad Commune Sanctorum. — 7. Psalterium; durch die Nachträge am Rande ist die Reihenfolge der Psalmen im Stundengebete angegeben, oft Antiphonen am Rande. — 171' bricht ab in einer Oration mit: perpetuum. — Gemalte Initialen. (A. CLXI.)

2. **Psalterium feriatum.** 142 f. m. 21 × 15,5 cm. s. XII ex.

    f. 1. Kalender mit bildlichen Darstellungen des Thierkreises und der Monatsbeschäftigungen. — 8. Psalterium mit Antiphonen für die Vesperpsalmen von späterer Hand. — 142. Das Ende der Orationen zur Litania nur in einem kleinen Streifen erhalten. — Gemalte Initialen. Vollbilder: f. 7. Inspiration der Apostel. — 7'. Auferstehung und Weltgericht. (Pm. 73.)

3. **Psalterium feriatum.** 119 f. m. 19,7 × 13,5 cm. s. XII.

    f. 2. Psalterium mit Antiphonen aus späterer Zeit am Rande. — 115—119. s. XIV. ex. s. XV. in. — Gemalte Initialen. (Pm. 13.)

4. **Psalterium feriatum.** 122 f. m. 21,8 × 16 cm. s. XIII.

    f. 1. Psalterium mit Antiphonen, Versus, Anfängen der Laudespsalmen, Hymnen. — 118. Anhang: Hymnen, Preces, Orationen von verschiedenen Schreibern. — 112'. Eine deutsche Commemoratio Passionis D. N. J. Chr. per horas: „Unser herre wart zuo metinen…" — 113. Antiphonen für die 1. Adventwoche und den Sonntag nach Trinitatis. — 122' bricht ab. Zu den Antiphonen Quadratnoten. (E. 5.)

5. **Psalterium feriatum.** 115 f. m. 18 × 13,5 cm. s. XIII.

    f. 1. Psalterium mit später zugesetzten Antiphonen und Gebetsintentionen am Rande. — 34 sind 7 Zeilen Preces beigeschrieben. — 84' werden die Vesperpsalmen durch Ps. 11 unterbrochen. — Gemalte Initialen. (Pm. 11 a.)

6. **Psalterium feriatum.** 150 f. m. 14,8 × 10,8 cm. s. XIII.

    f. 1. Kalender mit bildlichen Darstellungen des Thierkreises und der Monatsbeschäftigungen. — 7. Psalterium mit im 15. Jahrh. zugesetzten Antiphonen, Bezeichnung der Ferien und Ergänzungen. — 150' bricht ab. — Gemalte Initialen. (Geo. 17.)

7. **Psalterium feriatum.** 172 f. m. 18 × 13,5 cm. s. XIII.
    f. 2. Kalender. — 9. Psalterium mit später zugesetzten Versus, Invitatorien, Antiphonen und Ergänzungen. — 166' bricht mit der Oratio zur Litania ab. — Gemalte Initialen. Vollbilder: f. 1. Maria mit dem Jesuskinde und Simeon im Tempel. 1'. Geisselung Christi. 8. Christus am Kreuze mit Maria und Johannes. 8'. Der lehrende Christus, in den Ecken die Symbole der 4 Evangelisten. 104'. Christus am Ölberg. — Aus dem Benediktinerinnenkloster Amtenhausen in Baden. (Geo. 18.)

8. **Psalterium feriatum (monialium).** 190 f. m. 25 × 16,5 cm. s. XIII. ex.
    f. 1. beginnt mit Ps. 9, 20. Psalterium mit später zugesetzten Antiphonen. — 113'. Anfang des Johannesevangeliums mit Benedictio und der Bemerkung: das gebete per hos sermones das sprechet nach eim igelichen ewangeli, von späterer Hand. — 189. Theile des Officium defunctorum. — 190. Vier Hymnen, 15. Jahrh. — Gemalte Initialen. (Pm. 6 a.)

9. **Psalterium feriatum.** 112 f. m. 19,4 × 14 cm. s. XIII.—XIV.
    f. 1 und 2. Ordinarium de tempore für Matutin und Laudes an Sonn- und Wochentagen in einigen Festzeiten, von anderer Hand als der Psalter. — 3. Psalterium mit später beigesetzten Invitatorien, Antiphonen, Versus, Angabe der Wochentage, Divisiones psalmorum, Antiphonen und Evoven mit Quadratnoten. — 107. Anhänge von anderen Händen: Ps. 69 und Litania. — 109'. Officium de S. Dominico feria III. — 111. Officium B. M. V. in sabbato.— 111'. Memorie (Sanctorum) zuo mette. — Gemalte Initialen. (Pm. 17.)

10. **Psalterium feriatum cum ordinario de tempore (monialium).** 250 f. m. 9,6 × 7 cm. s. XIII.—XIV.
    f. 1. pap. Collecta de S. Spiritu, Antiphonae und Versus de Epiphania, Responsorium de Pascha. — 2. Deutsches Gebet der h. Maria Magdalena mit historischer Notiz darüber, 15. Jahrh. — 4. Psalterium mit später beigesetzten „Gloria Patri" als Zeichen der Divisio. — 248. Antiphonae de B. M. V. in Adventu und deutsche Gebete, 16. Jahrh. — Gemalte Initialen. (Pm. 96.)

11. **Psalterium feriatum cum ordinario de tempore.** 191 f. m. 27,5 × 20 cm. s. XIV.
    f. 2'. Kalender. — 8. Antiphonen, Psalmenanfänge, Evoven, Invitatorien mit gothischen Choralnoten. — 10. Psalterium, mit „liber

hymnorum uel soliloquium prophetae" überschrieben; die Antiphonen mit gothischen Choralnoten und besonderen Überschriften, z. B. „Aleph i. doctrina", für die Divisiones des Ps. 118. — 191' bricht in der 5. Oratio zur Litania ab. — Gemalte Initialen. — Aus dem Dominikanerinnenkloster St. Margarethen und St. Agnes in Strassburg. (Pm. 19.)

12. **Psalterium feriatum cum ordinario de tempore.** 83 f. m. 21 × 14,8 cm. s. XIV.

> f. 1. Psalterium; bis f. 26' sind von anderer Hand deutsche Gebetsmeinungen an den Rand geschrieben. — 81. Commemorationes S. Sebastiani und anderer Heiligen von anderer Hand. (Pm. 27.)

13. **Psalterium feriatum.** 135 f. m. 17,2 × 11,8 cm. s. XIV.

> f. 2. Kalender, März bis Juni fehlen. — 6. Psalterium mit später zugesetzten Invitatorien, Antiphonen und Divisiones psalmorum. — 95'. Antiphon und Versus de B. M. V. und Oratio. — 134. Hymnen der kleinen Horen und andere von späterer Hand. — 135. Oratio. — Gemalte Initialen. (Geo. 19.)

14. **Psalterium feriatum.** V + 153 f. m.; 7,2 × 5,2 cm. s. XIV.

> f. I. Verzeichnis von Psalmen für verschiedene Feste. — III. Antiphonen, 16. Jahrh. — V'. Psalterium mit später zugesetzten Antiphonen. — 130. Hymnen, Antiphonen, Responsorien, Preces, Toni psalmorum und Benedicamus, zu letzteren gothische Choralnoten, 16. Jahrh. — Aus dem Cistercienserkloster Salem in Baden. (Geo. 20.)

15. **Psalterium feriatum cum ordinario de tempore.** 148 f. m. 22,5 × 16,5 cm. s. XIV.—XV.

> f. 1. Komplet und Prim ohne Psalmen. — 2. Kalender. — 5. Invitatorialpsalm, Ps. 94, und Hymni de ordinario. — 7. Psalterium, dem ausser den Antiphonen im Texte noch andere von späterer Hand beigeschrieben sind. Am Ende lückenhaft. — Aus dem Prämonstratenserkloster Adelberg bei Oberndorf in Würtemberg. (Pm.14.)

16. **Psalterium feriatum cum ordinario de tempore.** 176 f. m. 36 × 24,5 cm. s. XV.

> f. 1'. Zeittafel von 1480—1506, pap. und aufgenäht. — 2. Kalender. — 8. Psalterium mit Invitatorien, Antiphonen und Hymnen in Quadratnoten; Evoven und Hymnen von späterer Hand auf die Ränder geschrieben. (Pm. 8 b.)

17. **Psalterium feriatum (monialium).** 324 f. m. 14,7 × 10 cm. s. XV.

> f. 1. Hymnen für Matutin und Laudes zur Advent- und Fastenzeit

von anderer Hand. — 3. Kalender. — 6. Hymnus „in ostern" zu Matutin und Laudes von anderer Hand. — 8. Psalterium mit später zugesetzten Antiphonen, oft mit Quadratnoten und Psalmtönen. — 313'. Symbolum Quicunque bricht ab. — Von anderer Hand: 314'. Versus der Passionszeit. — 315. Antiphonen, Versus, Invitatorien und Psalmenanfänge für die Matutin in Festzeiten und Ferien mit Quadratnoten und Psalmtönen. — 323. Pange lingua, Hymnus de Passione. — Gemalte Initiale B auf f. 8. (Pm. 98.)

18. **Psalterium feriatum cum ordinario de tempore.** 191 f. m. 14,6 × 10,12 cm. s. XV.

    f. 1. Psalterium, dem ausser den Antiphonen im Texte weitere Antiphonen, oft mit Quadratnoten und Pausenzeichen, auf dem Rande beigesetzt sind. — 153' bricht im Cant. Moys. Exod. 15,8 ab. — 154. Lat. und deutsche Responsorien mit Gebeten. — 160. „Diss sind schöne ermanu(n)g vber den psalter", deutsche Gebete, beides aus dem 16. Jahrh. — Gemalte Initialen. (Pm. 104.)

19. **Psalterium feriatum cum ordinario de tempore (monialium).** 215 f. m. 14 × 9,5 cm. s. XV.

    f. 1. Psalterium. — 215' bricht die Litania ab. — Gemalte Initialen. (Pm. 105.)

20. **Psalterium feriatum cum ordinario de tempore.** 287 f. m. 10 × 7,5 cm. s. XV.

    f. 1. Psalterium. — 189'. Completorium. — 192. Commune Sanctorum mit allen Horen. — 268. Suffragia communia. — 277. Ante accessum altaris et post missam orationes. Oft Psalmtöne am Rande. — Gemalte Initialen. (Ge. 2.)

21. **Psalterium feriatum.** 146 f. m. 13 × 9,5 cm. s. XV.

    f. 1. Ps. 2, 8. Psalterium mit später an den Rand geschriebenen Antiphonen, lückenhaft, da Psalm 96, 9 und Ps. 101, 3 zusammentreffen. — 166' bricht mit v. 9 des Magnificat ab. — Gemalte Initialen. (Gü. 8.)

22. **Psalterium feriatum.** 222 f. m. + 2 + 2 f. pap. 11,5 × 8,1 cm. s. XV.

    f. 1. Psalterium mit später zugesetzten Invitatorien und Antiphonen, zu denen oft gothische Choralnoten gegeben sind. — 222' bricht im Anfange des Canticum Isaiae ab. — 194 am untern Rande aus dem 18. Jahrh.: die 15 staffelpsalmen fangen an . . . — Gemalte Initialen. (Schw. 8.)

23. **Psalterium feriatum.** 166 f. m. 18,1 × 13,2 cm. s. XV.

    f. 1. Kalender mit bildlichen Darstellungen des Thierkreises und der

Monatsbeschäftigungen. — 7. Invitatorien und Kollekten aus späterer Zeit. — 8. Psalterium mit Zeichen der Divisio psalmorum am Rande. — 158. Französische und latein. Gebete. — 166. Invitatorien und Antiphonen aus späterer Zeit. — Gemalte Initialen. — Aus dem Cistercienserinnenkloster Lichtenthal in Baden, Eigenthum der Äbtissin Rosula Röderin von Hohenrodeck. (K. 1138.)

24. Psalterium feriatum. 181 f. m. 13,3 × 9 cm. s. XVI.

f. 1. Gebete de B. M. V., von anderer Hand. — 2. Accessus ad altare et recessus von anderer Hand. — 3. Theil eines Kalenders und Kollekten von mehreren Schreibern. — 4. Kalender. — 10. Psalterium mit später zugesetzten Invitatorien und Antiphonen, darin auf f. 90 alter, deutscher Augensegen. — 171. Ablassgebete, Modus sepeliendi mit Antiphonen in Quadratnoten und andere Gebete. — Gemalte Initialen. — Aus dem Karthäuserkloster B. M. V. bei Strassburg. (Schw. 7.)

25. Psalterium Romanum dispositum cum ordinario de tempore. 138 f. m. + 2 f. pap. 23.4 × 18 cm. 1488.

f. 1. Intonationen mit Quadratnoten von anderer Hand. — 2. Psalterium mit weiteren, später auf den Rand geschriebenen Antiphonen in Quadratnoten. — 139. Intonationen wie f. 1. (Geo. 13.)

26. Psalterium Benedictinum feriatum cum ordinario de tempore. 195 f. m. 51 × 35,5 cm. 1471.

f. 1'. „An Sant Anna", Responsorien, Antiphonen und Psalmenanfänge von späterer Hand. — 3. Kalender. — 9. Psalterium, am Ende Benedicite, Te Deum, Quicunque, Oratio und Hymnen der kleinen Horen in privatis diebus. — 142'. Cantica dominicalia et festiva. — 150. Hymni. — 182. Officium defunctorum et Litania. Quadratnoten, am Rande Pausenzeichen. — Gemalte Initialen. — Aus dem Benediktinerinnenkloster Amtenhausen in Baden. (Geo. 2.)

27. Psalterium Benedictinum feriatum cum ordinario de tempore. 241 f. m. 45,1 × 33 cm. s. XV.

f. 1. Kalender. — 7. Psalterium. — 163'. Cantica dominicalia et festiva. — 171. Hymni. — 214. Officium defunctorum cum Litania. — 229'. Antiphonen für „hystoria" (officium) de visitatione B. M. V. und Antiph. de Apostolis. — 241' bricht ab. — Quadratnoten, am Rande Pausenzeichen. (Geo. 4.)

28. Psalterium Benedictinum feriatum cum ordinario de tempore. VI. + 208 f. m. 37,5 × 28 cm. 1505.

f. I. Kalender. — 1. Psalterium. — 136'. Cantica dominicalia et festiva, Te Deum. — 148. Hymni. — 195'. Vigiliae defunctorum. — 206. „In com(m)emoracio(n)e bte marie", Directorium für das Officium B. M. V. — Gemalte Initialen. (E. 2.)

29. **Psalterium Benedictinum feriatum cum ordinario de tempore.** 199 f. m. 37,6 × 28 cm. 1506.
   f. 1. Psalterium. — 139'. Cantica dominicalia et festiva und Te Deum. — 152. Hymni. — 199' bricht im Hymnus de S. Benedicto ab. Gothische Choralnoten. — Gemalte Initialen. (E. 3. Nach Anlage und Schrift gleich n. 28.)

30. **Psalterium Cisterciense feriatum.** 128 f. m. 129—177 pap. 16,5 × 12,5 cm. s. XIV.
   f. 1. Kalendereinträge und den Kalender betreffende Memorialverse. — 1'. Zeittafel von 1260 bis 1315. — 2'. Intentionen für das Breviergebet. — 3. Kalender. — 4. Benedictiones lectionum. — 9'. Psalterium mit später zugesetzten deutschen Gebetsmeinungen und Antiphonen in gothischen Choralnoten. — 129. Kurzes Diurnum des Cistercienserbrevieres. — 170. Hymnen mit gothischen Choralnoten. — Gemalte Initialen. f. 128' am Fusse eine Zeichnung: Christi Geisselung, daneben auf beiden Seiten ein deutsches Gebet. (Pm. 58.)

31. **Psalterium Cisterciense et Antiphonarium.** Inest Psalterium Cist. c. kalend. ed. Jean Petit. Paris. Druck. 8 + 19 f. pap. f. 6 und 7 m. 22,7 × 16,5 cm. s. XVII.
   f. 1. Deutsches Lied auf den hl. Bernardus. — 5. Antiphonen zum Officium B. M. V. — Nach f. 8' das gedruckte Psalterium Cist. — f. 1 (bis). Von mehreren Schreiberinnen herrührende Sammlung von Antiphonen mit Quadratnoten, von Responsorien, Versus, Kollekten, Psalmtönen und Intonationen. (Gü. 13.)

32. **Psalterium Dominicanum feriatum.** 125 f. m. 13 f. pap. 18,7 × 14 cm. s. XIII.
   f. 1. Psalterium mit später zugesetzten Antiphonen und Anfängen der Laudespsalmen auf dem Rande oder auf eingehefteten Papierblättern. Im Symbolum Quicunque eine Lücke von 21½ Versen. — 136. Nocte surgentes, zwei Hymnen mit Versus und Kapiteln. — Gemalte Initialen. (Pm. 7 a.)

33. **Psalterium feriatum** (in den Besitz eines Dominikanerklosters übergegangen). 178 f. m. 24 × 16,5 cm. s. XIII.
   f. 1. Kalender mit bildlichen Darstellungen des Thierkreises und Erklärungen derselben in Hexametern. — 9. Psalterium mit später zugesetzten Antiphonen, Versus, Anfängen der Laudespsalmen am Rande oder auf eingehefteten Pergamentstreifen. — 174'. Ps. 69 von späterer Hand am Rande. — 175. Litania sec. ritum Praedicatorum in 2 col., 15. Jahrh. — 178. Zwei Orationen. Am Ende verbunden. — Gemalte Initialen. Vollbilder: f. 7. Mariae Verkündigung. — 8. Anbetung der drei Weisen. — 8'. Taufe Jesu im

Jordan. — 59'. Christi Himmelfahrt. — 109'. Lehrender Christus auf einem Throne. Auf dem innern Vorderdeckel: 4 Apostel, auf dem innern Hinterdeckel: 4 Heilige. (Pm. 122.)

34. **Psalterium monialium Dominicanarum feriatum.** 198 f. m. f. 197—203 pap. 11,2 × 7,8 cm. s. XIV.

f. 1. Kalender. — 7. Psalterium mit später zugesetzten Antiphonen und Psalmtönen auf dem Rande. Vom Magnificat, Nunc dimittis, Pater noster und Credo sind nur die Anfänge der einzelnen Verse und Artikel geschrieben. — 197. Lektionen und Responsorien des Officium defunctorum von anderer Hand. — 203' und 204. Verzeichnis von Orationen, beginnend: V'ber die x pselter, und zwei Orationen von anderer Haud. (Pm. 110.)

35. **Psalterium Dominicanum feriatum cum ordinario de tempore.** 144 f. m. 32 × 22 cm. s. XV.

f. 1. Ordo responsoriorum et versiculorum de tempore, de festis, de communi Sanctorum, de B. M. V. in sabbatis. — 9. Ad Completorium et benedictionem mensae. Modus psallendi, intonationes, meditationes, fines. — 12. Officium de Ss. Sacramento, späterer Zusatz. — 13. Psalterium. — 111. Officium defunctorum. — 116. Hymni. — 134. Antiphonae de S. Dominico. — 134'. Officium B. M. V. — 137'. Partes Officii de S. Elisabeth und de S. Dominico. — 139. Directorium Hymnorum. — 140. Pars Officii B. M. V. — 141. Hymni de Corpore Chr., de S. Thoma Aq. — 143'. Die weiss St. Ursula zuo den dagzeiten vnd Complet. In festo B. Catharinae de Senis. — 144'. Hymni de S. Thoma Aq. — Gemalte Initialen. (Pm. 6.)

36. **Psalterium Dominicanum feriatum cum ordinario de tempore.** 215 f. m. 17 × 12,5 cm. s. XV.

f. 1. Kalender. — 7. Pater, Ave, Credo, Invitatoria, Ps. 94. — 9. Psalterium. — 202'. Hymnen, Antiphonen, Responsoria, Versus für Advent, Weihnachten, Passionszeit und Ostern, die Gesänge entweder ganz oder in den Anfängen und Evoven mit Quadratnoten. — Gemalte Initialen. (Pm. 37 a.)

37. **Psalterium Dominicanum feriatum cum ordinario de tempore.** 213 f. m. 17 × 12,5 cm. s. XV.

f. 2. Kalender. — 8'. Psalterium mit Pausenzeichen am Rande.— — 203. Theile der Officien im Advent, in Dominica passionis et resurrectionis, Hymnen und Kapitel; die Anfänge der Invitatorien, Antiphonen und Hymnen in Quadratnoten. — 202. Kollekte der Heiligen des Predigerordens mit Versus und Respousorium aus späterer Zeit. — Gemalte Initialen. f. 1'. Schwarzer byzantinischer Christuskopf. (Pm. 61.)

38. Psalterium Dominicanum feriatum cum ordinario de tempore. 176 f. m. 17,3 × 13 cm. s. XV.
f. 1'. Versus. — 2. Kalender. — 8. Psalterium, die Cantica ohne Magnificat und Nunc dimittis, die Gesänge in Quadratnoten; lückenhaft und verbunden. (Pm. 81.)

39. Psalterium Dominicanum feriatum cum ordinario de tempore. 180 f. m. 13,2 × 10 cm. s. XV.
f. 1. Kalender, mit Mai beginnend. — 6. Psalterium mit Ps. 2, 4 beginnend. — 180' bricht mit Ps. 149, 1 ab. — Gemalte Initialen, mehrere herausgeschnitten. (x. 12.)

40. Psalterium monialium Dominicanarum feriatum cum ordinario de tempore. 212 f. 203 pap. 9 m. 15,8 × 11 cm. s. XV.
f. 7'. Deutsche Ermahnungen und Gebetsmeinungen für den Psalter. Am Ende: „Der psalt'. M'. vff assu(m)pcio(ni)s" mit Bezeichnung der Theile des Officiums, mit Antiphonen und Versus. — 32' bricht ab. — 35. Kalender. — 41. Kalendertafel mit Thierkreis und Aderlasstafel. — 43. Psalterium, in dem Ps. 109 bis Ps. 139 fehlen. — 170. Commendatio animae. — 181. Officium B. M. V. in sabbato, S. Joannis Bapt., S. Dominici, septem dolorum B. M. V. — Gemalte Initialen. (Pp. 20.)

41. Psalterium monialium Dominicanarum feriatum cum ordinario de tempore. 294 f. m. 18,5 × 12 cm. s. XV.
f. 1. Psalterium, zu den gesanglichen Theilen Quadratnoten. — 293. Oratio, aus späterer Zeit. — Gemalte Initialen. — Aus dem Dominikanerinnenkloster Adelshausen bei Freiburg in Baden. (Pm. 95.)

42. Psalterium monialium Dominicanarum feriatum cum ordinario de tempore. 221 f. 157 m. 158—221 pap. 14 × 9,8 cm. s. XV. XVI.
f. 1. Kalender. — 7. Psalterium; mit f. 158 beginnt eine Hand aus dem 16. Jahrh. — 159. Invitatorien, Antiphonen, Versus, Kapitel und Hymnen de tempore. — 166'. Litanei mit Commendatio animae und Modus sepeliendi. — 182'. Deutsche Gebetsmeinungen in Form von Gebeten für die einzelnen Psalmen. — Gemalte Initiale B auf f. 7. (Pm. 111.)

43. Psalterium Dominicanum feriatum cum ordinario de tempore. 208 f. m. 17 × 12,5 cm. s. XVI.
f. 1. Invitatorium, Hymnus und Antiphonen, von anderer Hand. — 3. Psalterium, die Cantica ohne Magnificat und Nunc dimittis. — 198. Hymnen, Versus und Antiphonen de tempore. Zu den Gesängen Quadratnoten. — Gemalte Initiale B auf f. 3. — In dem Reuerinnenkloster St. Maria Magdalena in Freiburg gebraucht. (Pm. 80.)

44. Psalterium Romanum monialium Franciscanarum dispositum cum ordinario de tempore. 311 f. m. 8,6 × 6,1 cm. s. XV.

    f. 2. In annuntiatione B. M. V. ad completorium capitulum. — 2 a. Kalender. — 14. Hymnen — 16. Psalterium. — 287. Quicunque und Litania. — 298'. Officium defunctorum. (Geo. 21.)

45. Psalterium feriatum et Collectarius. 146 f. 139 m. 140—146 pap. 15 × 11.5 cm. s. XIII.—XIV.

    f. 1. Gebetsmeinung. — 2. Psalterium, mit später beigesetzten Antiphonen. — 43'. Antiphona de S. Nicolao. — 121. Collectarius mit Kapiteln, Versus und Verzeichnis der Hymnen für die Hauptfestzeiten und für das Commune Sanctorum. — Gemalte Initialen. (W. 3.)

46. Psalterium feriatum cum ordinario de tempore et Diurnale Benedictinum. 281 f. m. + 2 f. pap. 11 × 8 cm. 1472—1475.

    f. 1'. Kalendertafeln. — 3. Kalender. — 9. Aderlasstafel. — 10. Das Pretiosa der Prim, von anderer Hand. — 10 a. Psalterium mit den Cantica suis locis, am Ende nur Benedicite, Benedictus, Te Deum, Litania, dann Vigiliae mortuorum. — 139. Diurnale. meist ohne Theile der Matutin, das Commune Sanctorum mit ganzem Officium. — 265'. Historiae post Pentecosten. — 274. Benedictiones, Lektionenverzeichnis, Accessus et Recessus, von andern Schreibern. — Gemalte Initialen. — Aus dem Benediktinerkloster Hirschau. (Schw. 9.)

47. Psalterium et Hymnarium Benedictinum. 371 f. pap. 49,3 × 34 cm. s. XVII.

    f. 1. „Commune Nocturnale Sanctorum: obseruantiae bursfeldensium". Psalterium für die Matutin des Commune Sanctorum mit Theilen des Propriums und Antiphonen, Hymnen und Responsorien. — 296. Te Deum. — 303'. Psalmen der Laudes et Hymni Communis et Proprii Sanctorum. Zu den Gesängen gothische Choralnoten. — Aus dem Benektinerkloster Gengenbach in Baden. (E. 8.)

II. Antiphonarium

oder Antiphonarius enthält diejenigen Theile des Brevieres, welche beim gemeinsamen Gebete der kanonischen Stunden (Matutinum mit 3 Nokturnen, Laudes, Prima, Tertia, Sexta, Nona, Vesperae, Completorium) gesungen werden (Psalmen und Cantica ausgenommen) und zwar mit Musiknoten. Also 1. Invitatoria, 2. Antiphonae, 3. Versus (Versikel), 4. Responsoria (magna = Historiae), 5. Hymni (am Anfange oder Ende oder suis locis im Officium).

Beigegeben: 1. Te Deum laudamus (Hymnus, Psalmus, Canticum S. Ambrosii, Ss. Ambrosii et Augustini), 2. Toni psalmorum und Modus canendi (tabulae tonorum = differentiae tonorum et intonationes), 3. Vigiliae (Officium, Agenda) defunctorum = Ordo pro defunctis.

Eingetheilt wie das Brevier in: 1. Proprium de tempore, das meistens mit Vesperae Sabbati ante Dominicam I. Adventus und der Antiphon ad Magnificat: »Ecce venit nomen Domini« beginnt. In alter Zeit erscheint auch die Vigilia Natalis Domini als Anfang des Proprium de tempore. 2. Proprium Sanctorum, meist mit Vigilia S. Andreae anfangend. 3. Commune Sanctorum, das mit »In vigilia« oder »in natali (festo) unius Apostoli« anfängt. 4. In dedicatione ecclesiae vor oder nach dem Proprium Sanctorum oder dem Commune Sanctorum. 5. Officium (de) B. M. V.

Öfters sind im Proprium de tempore die einfallenden Festa Sanctorum enthalten, auch im Proprium Sanctorum das Commune Sanctorum tempore paschali.

Das Antiphonar ist wie das Brevier entweder Antiphonarium totius anni — oder pars hiemalis — oder pars aestiva (aestivalis) — oder Proprium de tempore — oder Proprium de Sanctis (Sanctorale), mit Commune Sanctorum oder ohne dasselbe, — oder Commune Sanctorum allein.

Das Invitatorium ist die Antiphon des sogenannten Invitatorialpsalmes (Ps. 94) Venite exultemus, welcher — ausgenommen Epiphanie, die drei letzten Tage der Charwoche und gewöhnlich das Officium defunctorum — immer am Anfange der Matutin gebetet oder gesungen wird. In der alten Weise der Antiphonen tritt das Invitatorium zweimal ganz am Anfange, einmal ganz und einmal zur Hälfte am Ende und dreimal ganz und zweimal zur Hälfte innerhalb des Psalmes ein.

Die Antiphonen bilden die Einleitung und den Abschluss des einzelnen Psalmes oder einer Anzahl von Psalmen und geben die Gedanken- und Gefühlsrichtung, die Meinung an, welche das Beten oder Singen des Psalmes oder der Psalmen beherrschen sollen, ähnlich wie der Refrain in Liedern. Meistens den Psalmen, die sie beginnen oder schliessen, entnommen, werden sie am Ende immer ganz, am Anfange nur im Ritus duplex ganz vorgetragen. Antiphonae maiores sind die Antiphonen zum Magnificat im Officium de tempore vom 17. Dezember bis zur Vigilia Nativitatis D. N. J. Chr., die alle mit O beginnen. Weil die Commemoratio der Feste und Heiligen dadurch gebildet wurde, dass man an die **Antiphon** des Benedictus aus den Laudes oder des Magnificat aus der Vesper den Versus der Hora und dann die Kollekte anschloss, hiessen die Commemorationes communes oder consuetae z. B. de S. Cruce, de B. M. V., de Ss. Petro et Paulo, de Patron. Ecclesiae, de Fundatore Ordinis, de Pace, de Ss. Sacramento und andere in dieser Weise entstandenen Gebete und Gesänge nicht nur Responsoria, sondern auch **Antiphonae**. Im Ordo Romanus blieb letztere Benennung für die Antiphonae finales B. M. V., die Marianischen Schlussantiphonen, am Ende des Completoriums (Alma Redemptoris mater, Ave Regina coelorum, Regina coeli, Salve Regina) erhalten.

Die **Versus** dienen zur Verbindung einzelner Theile des Officiums, z. B. der Psalmen mit den Lektionen in der Matutin, der Matutin mit den Laudes (dies im Ordo Romanus nicht mehr), der Hymnen mit dem Benedictus und Magnificat u. a. Sie werden in zwei Theile zerlegt, von denen der erste mit V̊ = Versus, Versiculus, der zweite, mit ℟ = Responsorium bezeichnet ist. Der zweite Theil muss vom Chore gesprochen oder gesungen werden, zum Beispiel: V̊. Dominus regnavit, decorem induit, ℟ Induit Dominus fortitudinem, et praecinxit se. Zum Unterschiede von dem im Responsorium der Lektionen auftretenden Versus heissen sie auch Versus minores oder Versiculi.

Die **Responsoria** unterbrechen die Lektionen und wiederholen im allgemeinen diejenigen Theile der Lektionen aus der h. Schrift, in denen das erbauliche oder rührende Moment enthalten ist, also vorzugsweise die Reden. (Vrgl. die Chorgesänge in der griechischen Tragödie.) Da unter den zu Lektionen gewählten Büchern der h. Schrift die geschichtlichen vorwiegen und auch die Vitae Sanctorum als Historiae bezeichnet wurden, erhielten die Responsoria den Namen ›Historiae‹. Ihr Vortrag ist zwischen Lector und Chor getheilt, und der erste Theil heisst das Responsorium = ℟ im engern Sinne, der zweite Theil dagegen Versus = V̊, nach welchem die zweite Hälfte des ℟, oft durch den Asteriscus kenntlich gemacht, wiederholt wird. Im letzten Responsorium der Nokturn tritt dazu noch das ›Gloria Patri‹, an dessen Schluss man die zweite Hälfte des ℟ — oder wenn letzteres in 3 Theile getrennt worden, was in seltenen Fällen geschieht, den dritten Theil — zu wiederholen hat. Von den Responsoria **magna**, d. h. den Responsoria der Lektionen in der Matutin, sind die Responsoria **brevia** nach den Lektionen in den kleinen Horen, nach den sogenannten Capitula, zu unterscheiden. Die Bedeutung des Wortes Responsorium, insoferne es mit Commemoratio, Suffragium, Antiphona gleich bedeutend ist, wurde eben erwähnt.

Das Wort Antiphonarium wird auch auf freier eingerichtete kirchliche Gesangbücher angewendet. Wir haben jedoch für solche einen ebenfalls frei gebildeten, allgemeinen Titel, **Cantorale**, vorgezogen.

1. **Antiphonarium de Sanctis et Sermones S. Bernardi.**
   123 f. m. 32,3 × 23,5 cm. s. XIII.
   f. 1. Antiphonarium de Sanctis mit Hymnen und andern liturgischen Gesängen. Quadratnoten, f. 40 und 42 gothische Choralnoten; mehrere Schreiber. — 44. Sermones S. Bernardi Abbatis de singulis festis per annum, darunter f. 107 eine „Omelia origenis". (L. 5.)

2. **Antiphonarium. Proprium de tempore.** 201 f. m. 44 × 31,6 cm. s. XIV.
   f. 1. Proprium de tempore mit Dom. I. Adventus beginnend. — 200. Hymni de tempore. — 201' bricht im Hymnus in ramis palmarum ab. — Quadratnoten. — Gemalte Initialen. (Gü. 1.)

3. **Antiphonarium de tempore et Collectio sermonum.**
   180 f. pap. 28,6 × 20,5 cm. s. XV.
   f. 1. Antiphonar für Char- und Osterwoche. — 25. Antiphonarium de tempore. — 52. In dedicatione ecclesiae. — 54. Passio D. N. J. Chr. secundum Matthaeum; gothische Choralnoten und mehrere Schreiber. — 56. Predigtsammlung mit jeweils vorausgesetztem Texte, in 2 col. und von mehreren Schreibern. — Die ganze Handschrift lückenhaft. — Aus dem Paulinerkloster Grünwald in Baden. (B. 15.)

4. **Antiphonarium Benedictinum.** 277 f. m. 33,8 × 23 cm. s. XII. cum supplem.: s. XIII. XIV. XV. XVI. XVII.
   f. 2. Allegorische Thierfiguren. — 2'. Antiphonarium totius anni. Im Proprium de tempore sind einfallende Feste der Heiligen enthalten; ebenso f. 206 das Commune Sanctorum. — 106—142'. Einlage aus dem Proprium Augiense und Festum Corporis Christi, 15., mit Zusatz aus dem 16.—17. Jahrh. — 224'. De Ss. Trinitate. — 227'—232 b. Einlage mit dem Officium der h. Elisabeth und der h. Katharina, 13.—14. Jahrh. (E. Ranke, Chorgesänge zum Preis der h. Elisabeth I 2. II 222.) — 259'. Pro defunctis, unvollendet. — 265'. In cena Domini versus Flavii (Mone, Hymnen I S. 101) und Mandatum. — 267'. Ordo divini operis. — 271'. Differentiae tonorum ad respons. — 272. Antiphonae de B. M. V. — 273. Officium S. Benedicti. 13. Jahrh. — 275'. Marianische Schlussantiphonen: Alma redemptoris, Ave regina coelorum und Antiphon zum Officium B. M. V. 13. und 15. Jahrh. — 276'. Geschichtliche Bemerkungen über die Responsorien: Gaude Maria virgo und Cives apostolorum. 13. Jahrh. — Responsorium: Vidit Jacob. 15. Jahrh. Choralnoten des 13.—15. Jahrhunderts und ältere Neumen, worüber Brambach, Reichenauer Sängerschule S. 34 ff. — Gemalte Initialen. (A. LX.)

5. **Antiphonarium Benedictinum. Pars aestiva.** 146 f. m. 47 × 32,5 cm. s. XIV.
   f. 1. In festo Corporis Chr., Hymni de B. M. V., de Ss. Petro et Paulo, de Ss. Trinitate. — 10. Antiphonarium de Ss. Trinitate

und Proprium Sanctorum von Nativitas S. Joannis Bapt. bis S. Andreae. — 89'. Commune Sanctorum. — 112'. In dedicatione ecclesiae. — 116. Proprium de tempore von Dom. I. post octav. Pentec. bis Dominica ultima post oct. Pentec. — 144'. Verschiedene Nachträge. Quadratnoten. — Gemalte Initialen. (E. 1.)

6. Antiphonarium Benedictinum. Pars hiemalis. 324 f. m. 44,7 × 32 cm. s. XV.

    f. 1. Antiphonarium de tempore von Dom. I. Adventus bis Ss. Trinitatis; von anderer Hand: de Corpore Chr., de S. Scholastica. — 150. Proprium Sanctorum von S. Andreae bis S. Margaretae mit Commune Sanctor. temp. paschali. — 318'. Commune Sanctorum. — 330' bricht ab, da eine grosse Anzahl Blätter herausgeschnitten ist. — Quadratnoten. — Gemalte Initialen. (Geo. 6.)

7. Antiphonarium Benedictinum. Pars hiemalis. 255 f. m. 46 × 33 cm. s. XV.

    f. 1. Proprium de tempore vom 1. Adventsonntag bis Pfingstoktav mit den einfallenden Festen der Heiligen im Proprium de tempore. — 209'. Commune Sanctorum temp. paschali. — 230. Agenda defunctorum. — 236. Invitatorien und Ps. 94 für verschiedene Festzeiten. — 245. Preces, Antiphona et Hymni de B. M. V., Gloria Patri und Officium („Hystorie") Corporis Chr. — Quadratnoten. — Gemalte Initialen. (Geo. 1.)

8. Antiphonarium Benedictinum de Sanctis. 137 f. m. + 6 f. pap. 34,1 × 24,3 cm. s. XIV. c. supplem. s. XV. XVI. XVIII.

    f. 1. Proprium Sanctorum mit Octav. S. Joannis Ev. beginnend, da der Anfang fehlt, und auf f. 29 durch das Commune Sanctorum temp. paschali und auf f. 89 durch Toni psalmorum unterbrochen. — 109. Commune Sanctorum. — 135'. In dedicatione. — 138. Officium defunctorum als Nachtrag. — 139' bricht ab. — Quadratnoten. — Gemalte Initialen. (Th. 3.)

9. Antiphonarium Benedictinum sine Matutino. Pars hiemalis. 131 f. pap. 44,7 × 30 cm. 1572.

    f. 1. Antiphona de B. M. V.: Ave spes nostra. — 2. Kalender. — 8. Proprium de tempore von Advent bis Sabbatum sanctum. — 90. Proprium Sanctorum von S. Andreae bis Annuntiationis B. M. V. — 128'. Nachträge zum Proprium Sanctorum. — 129'. Deus in adiutorium und Gloria Patri, vierstimmig aus dem 17. Jahrh. — Gothische Choralnoten. — Gemalte Initialen. (Schw. 11; in der Anlage gleich n. 10, aber ohne Commune Sanctorum.)

10. Antiphonarium Benedictinum sine Matutino. Pars hiemalis. 171 f. pap. 46,5 × 30,5 cm. 1580.

    f. 1'. Proprium de tempore von Advent bis Sabbatum sanctum. —

94'. Commune Sanctorum. — 115. Proprium Sanctorum von S. Andreae bis Annuntiationis B. M. V. — 160. Te Deum. — 166. Nachträge für die Passionszeit bis Ostern, auch zur Matutin. — Gothische Choralnoten. — Gemalte Initialen und Wappen, darunter das des Abtes Gisbertus von Gengenbach. (Schw. 10; in der Anlage gleich n. 9.)

11. **Antiphonarium Benedictinum.** 98 f. pap. 43,7 × 30 cm. s. XVI.

    f. 1. Proprium de tempore des Antiphonars, das nur einzelne Theile des Officiums meistens für Vesper — oft das Responsorium prolixum — und für Laudes enthält. — 50. Proprium Sanctorum. — 86. Commune Sanctorum, de B. M. V., Commemorationes communes und Toni psalmorum. — 95. Marianische Schlussantiphonen und Antiphonae feriales. — Gothische Choralnoten. (x. 4.)

12. **Antiphonarium Benedictinum.** Pars hiemalis. 449 f. pap. 37,5 × 25 cm. s. XVI.

    f. 1. Proprium de tempore von Advent bis Sabbatum sanctum. — 232'. Commune Sanctorum. — 305. Te Deum. — 309. Proprium Sanctorum von S. Andreae bis Annuntiationis B. M. V. — Gothische Choralnoten. — An den untern Rändern biblische und Heiligennamen, andere Worte und Sätze in hebräischer, griechischer und lateinischer Schrift. (Schw. 14.)

13. **Antiphonarium Benedictinum sine Matutino.** Pars aestiva. 120 f. pap. 44 × 33 cm. s. XVI.

    f. 1. Proprium de tempore von Ostern bis letzten Sonntag nach Pfingsten. — 39. Proprium Sanctorum von Ss. Philippi et Jacobi bis S. Caeciliae. — 92'. Commune Sanctorum. — 111. Nachträge für die kleinen Horen. — 120' bricht ab. — Gothische Choralnoten. — Gemalte Initialen. (Schw. 12; in der Anlage gleich n. 9. 10.)

14. **Cantorale Benedictinum sive Cisterciense.** 28 f. 1—5 m. 6—28 pap. 34,3 × 24 3 cm. s. XV. XVI. XVII.

    f. 1. Theile eines Antiphonars des 15. Jahrh. de B. M. V. und de S. Anna. — 6. Venite exultemus, Ps. 94, in mehreren Tönen, Te Deum, Toni psalmorum und späterer Nachtrag für Ps. 94. — 15 Cantica dominicalia et festiva der 3. Nokturn. — 18'. Theile des Graduales aus verschiedenen Zeiten. — 28' bricht ab; lückenhaft. — Quadratnoten. (x. 2.)

15. **Antiphonarium Cisterciense.** Pars aestiva. 160 f. m. 40,9 × 29,9 cm. s. XIV.

    f. 1. Proprium de tempore mit Sabbatum post octav. Paschae beginnend. — 52'. Proprium Sanctorum, auf f. 59' durch das Commune Sanctorum temp. paschali unterbrochen. — 126. Commune Sanctorum. — 148'. In dedicatione eccles. — 150. Venite exultemus, Ps. 94, Toni psalmorum, Te Deum. — 154'. Hymni. — 160' bricht ab, wie das Ganze lückenhaft ist. — Quadratnoten. — Gemalte Initialen. (Th. 2.)

16. **Antiphonarium monialium Cisterciensium.** 76 f. m. 20 × 14 cm. s. XV.

    f. 1. Antiphonarium für die Ferien mit Ordinarium de tempore. — 36. Festa de tempore et Commune Sanctorum. — 48. Hymni de tempore et de Sanctis. — 71. Versus für Feste mit deutschen Randbezeichnungen und von späteren Schreibern. — Gothische Choralnoten, f. 76 Quadratnoten. (Pm. 75.)

17. **Antiphonarium Cisterciense de Sanctis.** 208 f. m. 40,7 × 32 cm. s. XV.

    f. 1. Hymnen, ohne Anfang. — 3. Proprium Sanctorum mit S. Stephani Protom. beginnend und auf f. 46 durch das Commune Sanctorum temp. paschali unterbrochen. — 144. Commune Sanctorum und in dedicatione eccl. — 187. Hymnen. — 203. Nachträge von Antiphonen, Hymnen und Cantica dominicalia et festiva. — Quadratnoten. — Gemalte Initialen, besonders zum Officium S. Agnetis. (Geo. 5.)

18. **Antiphonarium Dominicanum de Sanctis.** 235 f. m. 49 × 34,6 cm. s. XIV.

    f. 1. Gloria Patri in den 8 Psalmtönen. Proprium Sanctorum mit S. Andreae beginnend und f. 85' durch das Commune Sanctorum temp. paschali unterbrochen. — 187'. Commune Sanctorum. — 215. De B. M. V. — 219. Te Deum. — 220'. Hymni de Sanctis et de Communi Sanctorum. — 233. Antiphonae de S. Paulo et de S. Maria Magdalena. — Quadratnoten. — Gemalte Initialen. (Pm. 49.)

III. Hymnarium

oder Hymnarius enthält die zum Stundengebete gesungenen Hymnen, oft mit den Musiknoten. Eingetheilt ist es, wie das Brevier, in Proprium de tempore, Proprium Sanctorum, Commune Sanctorum. Nicht selten sind jedoch im Proprium de tempore die einfallenden Hymni Sanctorum gegeben = Hymni per circulum anni, Hymni per annum.

1. **Hymnarium.** 75 f. m. 19,5 × 13,5 cm. s. XV.

f. 1. Mit „Sabatho. O lux beata" beginnend die Hymnen des Brevieres, de tempore, de Sanctis und de Communi ohne bestimmte Ordnung und oft ohne Titelangabe, unterbrochen f. 73 durch das Canticum: Benedictus es Domine Deus patrum nostrorum. — Zwei Schreiber, der zweite von f. 53' an. — Gothische Choralnoten. (Pm. 16 a.)

2. **Hymnarium monialium Cisterciensium.** 56 f. m. 25 × 17,5 cm. s. XIV.

f. 1. Hymni de tempore. — 29. De Sanctis, von S. Agnetis bis S. Andreae Ap. — 43. De Communi Sanctorum. — 48. In nat. XI mil. Virginum. — 49. In dedicatione ecclesiae. — 51. De XI mil. Virginum. — 53. Improperien und Litanei. — Quadratnoten. (Pm. 47.)

3. **Hymnarium Cisterciense.** 134 f. m. 20,5 × 14 cm. s. XV.

f. 1. Hymnarium, mit der 5. Strophe des Hymnus „Splendor paternae gloriae" beginnend, zuerst Hymni de tempore. — 37. De Sanctis. — 81. De communi Sanctorum. — 89. Ps. 94, ohne Anfang. — 92'. Matutin des Officium defunctorum, ohne Anfang. — 103. Lectiones. — 104'. Sabbatis ad mandatum Responsorium „Postquam surrexit". — 107. „Deo dicamus gratias" in verschiedenen Tönen. — 108'. Anhang von Hymnen und Antiphonen von mehreren Schreibern. Lückenhaft, die Initialen mehrmals herausgeschnitten. — Quadratnoten. — Gemalte Initialen. (Gü. 4.)

4. **Hymnarium Cisterciense.** 152 + 2 b. + 2 c. f. pap. 21 × 15 cm. s. XVII.

f. 2 a. Hymni de tempore. — 75. De Sanctis. — 114. De Communi Sanctorum. — 123. In dedicatione eccles. und Nachträge. — Quadratnoten. (W. 7.)

5. **Hymnarium et Processionale monialium Cisterciensium.** 154 f. m. 18 × 13 cm. s. XV.

f. 1. Hymni per annum. — 50'. Cantica dominicalia et festiva. — 63. Ordo pro defunct. = Officium defunctorum ohne Psalmen. — 80. Suffragia in sepultura: Subvenite etc. — 82. Benedictiones lectionum und andere Benediktionen. — 88. Venite exultemus, Ps. 94, in verschiedenen Tönen. — 104. Processionale, erweitert durch: f. 116' In die Corporis Chr., f. 119 Improperien und Adoratio crucis, f. 121 ad Mandatum, f. 129' Modus canendi, Litania et Orationes. — Quadratnoten. (Gü. 6.)

6. Hymnarium, Processionale, Vesperae defunctorum, Suffragium in sepultura. 3—114 a—d, 115—152. pag. pap. 20.5 × 16 cm. s. XVIII.
Quadrat- und moderne Noten. Toni ad Magnificat. (E. 317.)

7. Hymnarium, Processionale, Lamentationes. 36 + 4 f. pap. 16.5 × 10.5 cm. s. XVIII.
f. 36. Gesang von St. Landelin. — Quadrat- und moderne Noten. (E. 380.)

8. Psalterium, lateinisch und deutsch. Metis impressum 1513. Hymnarium und Antiphonarium. Druck: 4 f. + f. 1.—C. XXVI. + 2 f., jedoch f. IX.—XII. auf 5 f. pap. nachgeschrieben, Handschrift: 79 f. pap. 21 × 14 cm. s. XVI.
f. 1 der Handschrift: Hymni de ordinario. — 8'. De tempore. — 21'. De Sanctis. — 41. In dedicatione. — 42. De communi Sanctorum: die Anfänge in Quadratnoten. — 47. Antiphonen für Dominica et Feriae mit Quadratnoten. — 77. Andechtige Betrachtung vff die 7 tag wo du nachts diu rüw haben Solt. 15 × 9,5 cm, eingeheftet, 17. Jahrh. (Pp. 33.)

IV. Lectionarium. Homiliarium. Passionale.

Lectionarium oder Lectionarius, Lectionale, enthält die in den Nokturnen (Matutin) gelesenen oder gesungenen Abschnitte aus der h. Schrift, dem Leben der Heiligen und den Schriften der Väter, die ›lectiones‹ (verdeutscht zu: ›letzen‹, ›letzgen‹) oder ›legendae‹. Der Gesang erfolgt im fest stehenden Lektionenton und ist daher gewöhnlich nicht durch Musiknoten angegeben. Ein solches Lectionarium kann man nocturnale oder matutinale nennen, zum Unterschiede von dem Lectionarium missae (n. XVI.). In dieser Form zwar sind die Benennungen der beiden Arten von Lectionaria vielleicht nicht streng mittelalterlich. Die letztere Art heisst genau:

Lectionarium epistolarum et evangeliorum und war bei feierlichen Messen im Gebrauch. Die Bücher der ersten Art dagegen kamen bei dem täglichen Chorgebete in den drei Nokturnen der Matutin zur Anwendung und hiessen daher kurzweg auch nocturnales libri. Lectionarium ›matutinale‹ lässt sich rechtfertigen im Hinblick auf einen mittelalterlichen Sprachgebrauch, wonach die Kirchenbücher geschieden werden einerseits in Missales (alle zur Messfeier gehörigen) und andererseits in Matutinales (alle auf das Stundengebet bezüglichen, weil die in der Matutin gebrauchten Bände die hervorragendsten und umfänglichsten unter den Büchern des Chorgebetes waren). Für die zweite Hälfte des Mittelalters und die neuere Zeit, nachdem die Matutinalien in das Brevier übergegangen waren, ist auch der Name Lectionaria breviarii anwendbar. Sie sind entweder totius anni oder für einzelne Zeiten oder für einzelne inhaltlichen Abtheilungen, z. B. Pars hiemalis, aestiva, — Proprium de tempore, de Sanctis, oft sind auch in das Proprium de tempore die einfallenden Feste der Heiligen aufgenommen.

Ein Theil des Lectionarium matutinale ist das Homiliarium oder der Homiliarius mit Lectiones (Homiliae, Sermones) aus den Vätern. Die im Mittelalter gewöhnlichste Sammlung von Homilien und Sermonen ist das Homiliarium des Paulus Diaconus mit dem darauf bezüglichen Capitulare Caroli Magni am Anfange (unten n. 3). Es wurde jedoch vielfach geändert und erweitert. In die Homiliarien fanden auch fremde Stücke Eingang, wie Passiones Sanctorum, Visio Fursei.

Passionale ist nach dem mittelalterlichen Sprachgebrauche entweder Passionale Sanctorum, d. h. derjenige Theil des Lectionarium matutinale, welcher die Passio, Confessio Martyrum oder die Vita, Historia, Gesta, Legenda Sanctorum, meistens für die 2. Nokturn, bietet, oder das bei dem Gottesdienste der Hebdomas sancta, der Charwoche, verwendete Buch, das als Auszug aus dem Missale die Passiones D. N. J. Chr. nach den 4 Evangelien enthält. Letztere sind wie in den Missalien mit Eintheilung für den Gesang durch die Zeichen + (= Christus), C (= Cantor oder Chronista), S (= Succentor oder Synagoga), und häufig mit Musiknoten versehen. Hier haben sich auch in den Missalien die Neumen ohne Linien am längsten, bis in das 16. Jahrhundert, erhalten.

1. Lectionarium. 163 f. m. 43 × 29,9 cm. 2 col. s. IX.

   Homiliae et Sermones de tempore a Sabbato sancto usque ad Dominicam V. post Pentecost. und für die einfallenden höheren Feste der Heiligen. (A. XV.)

2. Vitae Sanctorum. 46 f. m. 29,4 × 18.8 cm. s. IX.

   Vita S. Bonifatii, S. Martialis, S. Medardi, Ss. Sergii et Bachi, S. Goaris. — Lineare Initialen. (A. CXXXVI.)

3. Homiliarium Pauli Diaconi. Pars hiemalis. 70 + 13 f. m. 40 × 31,4 cm. 2 col. s. IX. ex.

   f. 1—2. Spätere Zusätze: Gregorii Homilia in Evangel. I 8. —

1'—2. Versus de passione D. N. J. Chr. secundum horas, de decem plagis Aegyptiorum, de sacramentis. 10. Jahrh. — 2. Eintrag aus dem 12.—13. Jahrh.: Quis michi tribuat ut in inferno | — Ave maria gracia plena... 2'. Dedicatio metrica Pauli. — 3. Capitulare Caroli M. — 3'. In nomine omnipotentis dei Incipiunt omeliae.... 4—6. Inhaltsverzeichnis. — 6—70. Homiliae et Sermones a Dominica V. ante Nativitatem Domini usque ad festum S. Johannis Ev. — Dann 13 Blätter, welche zu Einbänden anderer Handschriften verwendet waren und in letzter Zeit hier wieder angefügt worden sind. Dieselben führen das Homiliar bruchstückweise bis in die Charwoche. Ursprünglich schloss der Band mit Charsamstag. (Mabillon, Vetera Analecta [Paris 1723] p. 18. E. Ranke, Theologische Studien und Kritiken 1855 I. S. 382 ff. Brambach, Psalterium S. 33 und Reichenauer Sängerschule S. 32 Anm.) — Gemalte Initialen. (A. XXIX.)

4. **Homiliarium Pauli Diaconi. Sectio partis aestivae.** 147 f. m. 40,1 × 31,4 cm. 2 col. s. IX. ex.

   f. 1. Homiliae et Sermones. Proprium de tempore a mense Augusto usque ad ultimam Dominicam mensis Novembris mit den einfallenden Festen der Heiligen. — 64. Commune Sanctorum. — 127. In dedicatione eccles. — 142. In Litania, quando volueris. — 144. In die depositionis anniversario. — Gemalte Initialen. (A. XIX.)

5. **Lectionarium de tempore. Sectio partis hiemalis.** 110 f. m. 42,3 × 30 cm. 2 col. s. IX.—X.

   f. Homiliae et Sermones. Proprium de tempore a Dominica in Septuagesima usque ad Sabbatum Sanctum. (A. XIIII.)

6. **Lectionarium.** 195 f. m. 37 × 27,9 cm. 2 col. s. X.

   Homiliae et Sermones für die Sonntage des ganzen Jahres und darunter solche für das Proprium und Commune Sanctorum. — Gemalte Initialen. (A. XXXVII.)

7. **„Passionale Sanctorum".** 140 f. m. 39,1 × 28,5 cm. 2 col. s. X.

   Im allgemeinen die Ordnung des Kalenders von Juli bis Mai. (A. XXXII.)

8. **Vitae Sanctorum.** 169 f. m. 32,2 × 25,3 cm. 2 col. s. X.—XI.

   Im allgemeinen die Ordnung des Kalenders für das ganze Jahr. — Gemalte Initialen. (A. LXXXIV.)

9. **Lectionarium.** 287 f. m. 41,3 × 32 cm. 2 col. s. XI.

   Homiliae et Sermones in festis Domini et Sanctorum totius anni, darunter f. 227' Commune Sanctorum, f. 257. Sermo in dedicatione basilicae S. Augustini ep. — 271'. In adnuntiatione B. M. V. — 276'. Passio S. Marci. — 279. Dom. de S. Trinitate. — 279'. In festivitate S. Michahelis. — 283. De translatione S. Benedicti. — Gemalte Initialen. (A. XVI.)

10. „Lectiones De Sanctis". 273 f. m. 38,5 × 30,9 cm. 2 col. s. XII.

f. 1 und 6'. Sequenzen, Hymnen und Antiphonen. — Homiliae et Sermones in festis Domini et Sanctorum totius anni. — Gemalte Initialen. (A. XXI.)

11. Lectionarium de tempore. Pars hiemalis. 163 f. m. 42 × 30,2 cm. 2 col. s. XIII.

Homiliae et Sermones mit Dominica IIII. ante natalem Domini beginnend — bis Charsamstag. Am Ende lückenhaft. — Neumen. (A. XII.)

12. Lectionarium de tempore. Pars aestiva. 154 f. m. 40,8 × 29,5 cm. 2 col. s. XIII.

Homiliae et Sermones von Ostern an. Für die Sonntage nach Pfingsten die Kollekten am Rande. (A. XIII.)

13. Lectionarium de tempore. Pars hiemalis. 159 f. m. 36,3 × 26,1 cm. 2 col. s. XIII.

Scriptura currens, Homiliae, Sermones ab Adventu usque ad Pentecosten. — f. 3. Gemalte Initiale auf f. 3. (A. XLII.)

14. Lectionarium. Pars hiemalis. 349 f. m. 8,5 × 6 cm. s. XV.

f. 3. Homiliae et Sermones, Proprium de tempore ab Adventu usque ad Sabbatum sanctum. — 218. Proprium Sanctorum von S. Caeciliae bis Annuntiationis B. M. V. — 329. Anhang von mehreren Lektionen. Das Lectionarium enthält noch Invitatorien, Responsorien, Antiphonen und Versus. (M. 12.)

15. Vitae Sanctorum. 140 f. m. 19,5 × 13 cm. 2 col. s. XV.

f. 1. Register, am Ende die 7 Sakramente, 7 Hauptsünden und 10 Gebote. 2. Prologus, mystischen Inhaltes. — 3. De adventu Domini, quare quadruplex esse dinoscitur. — 3'. Vitae Sanctorum von S. Andreae bis S. Gerardi. — 122. Grössere Anzahl kürzerer Abhandlungen und Erzählungen mystischen und moralischen Inhaltes. — 149 (alte Foliierung). Hexameter: Inscriptus manes.... Idola sperne (10 Gebote).... Si cubat incumbit.... Nec deus est.... 150 (a. Fol.). Fabel vom ungehorsamen Schweine und Anwendung. Am Anfange wechseln zwei Schreiber. (Pm. 23.)

16. „Legendae et Homiliae". Pars hiemalis. 1—6 + 258—273 f. m. 7—257 f. pap. 30 × 20,5 cm. 2 col. s. XV.

f. 1. Kapitular Karls d. G. über das Homiliarium des Paulus Diaconus. — 1'. Homiliae et Sermones, Proprium de tempore a Dom. V. ante nat. Domini usque ad Sabbatum sanctum mit den einfallenden Festen der Heiligen. — 268. Qualiter et quo tempore Sacramentum Dominicum Erfordiam venerit. (Pm. 18.)

17. Lectionarium Breviarii Benedictini. 113 pag. pap. 36,5 × 22,5 cm. s. XVIII.

Homiliae et Sermones für die höchsten Feiertage. Nach pag. 64 zwei Blätter Druck mit den Lektionen in dedicatione ecclesiae. (B. 25.)

18. Lectionarius Breviarii Dominicani. Pars hiemalis. 218 f. m. 37,5 × 25,5 cm. 2 col. s. XIV.

f. 1. Lectiones de S. Agnete et de S. Athala. — 7'. Modus legendi = tonus lectionis. — 8. Iste liber lectionarius ordinis fratrum praedicatorum; Ritualrubriken. — 9. Proprium de tempore ab Adventu usque ad Sabbatum sanctum; zu den Lamentationes gothische Choralnoten. — 143. Proprium de Sanctis von S. Andreae bis Annuntiationis B. M. V. — 212. Nachträge de S. Ambrosio, de S. Ignatio, de S. Thoma Aquin., de S. Antonio Erem. — Aus dem Dominikanerinnenkloster St. Margareth und St. Agnes in Strassburg. (Pm. 10.)

V. Breviarium

oder Breviarius ist in der zweiten Hälfte des Mittelalters dadurch entstanden, dass man diejenigen Theile der h. Schrift, der Väter und der Vitae Sanctorum, welche bei dem Chordienste verwendet wurden, ferner die zu ihnen gehörigen Antiphonen, Responsorien, Versus und Hymnen in ein Ganzes vereinigte. Es enthält:
1. Proprium de tempore, 2. Proprium de Sanctis, 3. Commune Sanctorum, früher meistens mit dem Proprium Sanctorum tempore paschali, 4. Officia votiva, z. B. de B. M. V.

Zusätze meist am Anfang: Kalender, Rubricae (in dem Breviarium monialium, im ›mettibuoch‹, wie die Namen der Feste u. a., meist deutsch), Absolutiones et Benedictiones lectionum, Psalterium mit

Cantica, Hymni (s. n. 1.). Dagegen meist am Schluss: Memoriae = Commemorationes Sanctorum communes = Suffragia communia vel consueta, Officium (Vigiliae, Agenda) defunctorum, VII Psalmi poenitentiales cum litania, Psalmi graduales, Ordo commendationis animae, Benedictio mensae, Itinerarium clericorum. Es ist entweder Breviarium totius anni oder pars hiemalis mit Sabbato ante Dominicam I. Adventus oder mit Vigilia natalis Domini, — pars aestiva, mit Ostern oder Pfingsten beginnend; Proprium de tempore oder Proprium Sanctorum.

1. Breviarium. 456 f. m. 24,6 × 18 cm. s. XIII.

f. 1. Invitatorium des Adventes und Invitatorialpsalm, Ps. 94. — 2. Kalender. — 8. Proprium de tempore von Advent bis Octav. Pentecost., in der f. 209' abbricht. — 210. Officium et Missa Corporis Chr. — 225. Proprium Sanctorum totius anni, mit S. Nicolai beginnend und auf f. 293' durch das Commune Sanctorum temp. paschali unterbrochen. — 424'. Fortsetzung des Proprium de tempore bis zur Homilie des 1. Sonntags nach der Pfingsoktav, wo f. 456 abbricht. — f. 215. Neumen. — Gemalte Initialen. (A. CCVI.)

2. Breviarium. Pars aestiva. 324 f. pap. 325—329 f. m. 14,5 × 10,5 cm. 1422.

f. 1. Breviarium, das im 1. Theile Matutin und Laudes enthält; Proprium de tempore von Dom. I. post octav. Pentecost. an. — 68. Proprium Sanctorum, als Anhang: de decem milib. martyrum. — 230. 2. Theil, hauptsächlich die Laudes und übrigen Horen, Proprium de tempore von Pfingstoktav an. — 256'. Proprium Sanctorum, mit Ss. Tiburtii und Valeriani anfangend und mit Commune Sanctorum temp. paschali. — 325. Historia de divisione Apostolorum et de S. Justino. — 329'. Laudes de S. Arbogasto. Bis f. 227' geschrieben von Konrad Winslin, Priester und Vicarius in Herbolzheim, ehemals Diözese Strassburg. (E. 57.)

3. Breviarium (Psalterium et Commune). 161 f. m. 22 × 15.5 cm. s. XV.

f. 1. Psalterium feriatum cum ordinario de tempore. — 129. Preces. — 133. Commune Sanctorum mit den Lektionen der Matutin. (Pm. 5 a.)

4. Breviarium. „Liber hiemalis de tempore". 166 f. pap. 20 × 14 cm. 2 col. s. XV.

f. 1. Proprium de tempore von Dom. I. Adventus bis Sabbatum sanctum. — 144. „Incipit hystoria de beata virgine". Officia B. M. V. (Schw. 17.)

5. **Breviarium. Partis aestivae Proprium de tempore.** 267 f. pap. 28,2 × 20,5 cm. 2 col. s. XV.

> f. 1. Proprium de tempore mit Vigilia paschae beginnend. — 267' bricht mit dem 21. Sonntag nach Trinitatis ab. Zwei Schreiber. (W. 6.)

6. **Breviarium monialium. Pars hiemalis.** 509 f. pap. 19,7 × 15,7 cm. 1501.

> f. 1. Kalender. — 7. Aderlasstafeln. — 8'. Nachträge von mehreren Schreibern. — 10. Hymnen, Capitula, Collectae, Preces. — 58. Breviarium, Proprium de tempore, mit Advent beginnend. — 338. Proprium Sanctorum, mit S. Andreae beginnend und auf f. 428 vom Commune Sanctorum temp. paschali unterbrochen. — 456. Commune Sanctorum, Nachträge von Officiumstheilen und ein Directorium, aus verschiedenen Zeiten. — Geschrieben von Frater Georgius zu Etal. (Geo. 53.)

7. **Breviarium. Pars aestiva.** 346 f. m. 17 × 11,8 cm. s. XVI.

> f. 2. Breviarium, Proprium de tempore, mit Vigilia Pentecostes beginnend. — 120. Proprium Sanctorum, mit S. Nicomedis beginnend. — 342. Commune Sanctorum, wovon jedoch nur Commune Apostolorum vorhanden ist. — 346' bricht mit Lectio 1. de pluribus Apostolis ab. — Gemalte Initialen. (x. 13.)

8. **Breviarium Spirense. Pars hiemalis.** 192 f. pap. 19,5 × 14 cm. 2 col. s. XV.

> f. 2. Kalendertafel. — 3. Kalender. — 15. Aderlasstafel. — 15'. Kalendertafel. — 16. Incipit breviarium liber Matutinalis secundum Ordinem Spyrensem. Proprium de tempore von Advent bis Sabbatum sanctum. — 101. Proprium Sanctorum, mit Ss. Saturnini et Chrysantii beginnend. — 162. Commune Sanctorum. — 182. Preces. — 186. Hymnen. — 188. Officium B. M. V. in sabbato. f. 112 beginnt eine 2. Hand. (Br. 10.)

9. **Breviarium Benedictinum.** 485 f. m. 12,4 × 9,3 cm. s. XIV.

> f. 2. Preces. — 3. Benedictiones lectionum. — 5 Kalender. — 11. Psalterium feriatum cum ordinario de tempore. — 77. Cantica dominicalia et festiva. — 83. Hymni. — 97. Breviarium, Proprium de tempore, pars hiemalis vom Advent an; f. 207 pars aestiva. — 298. Proprium Sanctorum, mit S. Andreae beginnend und auf f. 344 durch das Commune Sanctorum temp. paschali unterbrochen, und Commune Sanctorum. — Gemalte Initialen. (A. CCLXVI.)

10. **Breviarium Benedictinum.** 467 f. m. 468—471 f. pap. 10,2 × 6,5 cm. s. XIV.

> f. 4. Preces in Adventu, grösstentheils erloschen. — 4'. Kalender mit Directorium und 3 Kalendertafeln. — 20. Psalterium mit Versus und Antiphonen. — 87'. „Regularis cursus per totum annum" = Directorium, Litania, Hymni, Cantica dominicalia et festiva, Capitula, Orationes, Preces per annum et de Communi Sanctorum. — 173. Breviarium totius anni, mit Advent beginnend, Proprium de tempore. — 303. In dedicatione. — 306'. Proprium Sanctorum, mit S. Nicolai anfangend und auf f. 329 durch Commune Sanctorum temp. paschali unterbrochen. — 397. Commune Sanctorum et Officium B. M. V. — 423. Nachträge von Officien und Responsorien, von f. 443 an von anderer Hand. — Aus dem Benediktinerkloster Gengenbach in Baden. (Geo. 22.)

11. **Breviarium Benedictinum in usum monialium.**

I. **Pars aestiva.** 3 + 246 + 471 f. pap. 20 × 15,5 cm. s. XV.

> f. 1 a. Officium in Visitatione B. M. V., 16. Jahrh. — 2. Hymnen, der Anfang fehlt. — 17'. Cantica dominicalia et festiva. — 22'. Capitula et Collectae de Dominica et de Communi Sanctorum. — 38. An dem Pfingstabent ze vesper. Breviarium, Proprium de tempore von Pfingsten an. — 81. In dedicatione eccles. — 243'. Nachträge zum Proprium Sanctorum. — 2 (bis). Proprium Sanctorum mit S. Urbani beginnend. — 393. Commune Sanctorum. — 463'. Officium S. Helenae und andere Nachträge zum Proprium Sanctorum. — Gemalte Initiale P auf f. 2.

II. **Pars hiemalis.** 8 + 472 + 408 f. pap. 20,6 × 14,5 cm.

> f. 1. Directorium, Capitula, Collectae, Nachträge aus verschiedener Zeit. — 2 (bis). Breviarium, Proprium de tempore mit Advent beginnend. — 106 (bis). Proprium Sanctorum mit S. Andreae beginnend und auf f. 286 (bis) durch das Proprium Sanctorum temp. paschali unterbrochen. — 341 (bis). Commune Sanctorum. — Gemalte Initiale mit Wappen auf f. 2. (Geo. 51. 52.)

12. **Breviarium Benedictinum. Pars aestiva.** 386 f. m. 16 × 11,6 cm. s. XV.

> f. 1. Directorium für die Adventzeit. — 2. Kalendarium. — 8. Nachtrag zum Proprium Sanctorum. — 9. Suffragia communia. — 11. Officiumstheile de Sabbato sancto. — 11. Proprium de tempore, mit Pascha beginnend. — 99. Accessus et recessus. — 101. Psalterium feriatum cum ordinario de tempore. — 189. Cantica dominicalia et festiva. — 194'. Commune Sanctorum, in dedicatione eccl., Litania, Capitula. — 233. Nachträge zum Proprium Sanctorum. — 253. Proprium Sanctorum von Annuntiationis B. M. V. bis S. Catharinae mit Nachträgen, am Anfang lückenhaft. —

385'. Benedictiones vestium sacerdotalium. — Gemalte Initialen. (A. CCLXII.)

13. **Breviarium Benedictinum. Proprium Sanctorum.** 182 f. m. 16,3 × 12 cm. 2 col. s. XV.

   f. 1. Kalender. — 7. Proprium Sanctorum, mit Commemoratio S. Stephani Protom. beginnend und mit S. Thomae Ap. endend. — 129'. Collecta de S. Genesio M. et collecta communis de Confess. Pontif., 15.—16. Jahrh. — 170. Hymni de Sanctis. — 179. Historia de S. Margareta. (Pm. 1.)

14. **Breviarium Benedictinum.** 393 f. m. f. 76, 84 — 89, 115, 116, 122, 123, 198, 204—207, 216, 219, 291—393 pap. 15 × 10 cm. 2 col. s. XV. XVI.

   f. 1. Psalterium feriatum cum ordinario de tempore. — 64' bricht ab. — 65. „Hymni per totum annum." — 90. Breviarium totius anni, mit Advent beginnend, Proprium de tempore. — 217. Proprium Sanctorum, mit S. Luciae anfangend und auf f. 231 durch Commune Sanctorum temp. paschali unterbrochen. — 281. In dedicatione eccles. et Vigiliae defunctorum. — 286. Commune Sanctorum. — 290' bricht ab. — 291. Sequuntur praetermissa supra in pergameno. — 392' bricht ab. — Gemalte Initialen. (Schw. 2.)

15. **Breviarium Benedictinum.** 406 f. pap. 14 3 × 10 cm. 1510.

   f. 1. Psalterium feriatum cum ordinario de tempore et Responsoria de feriis. — 66. Officium B. M. V. — 70. Das Pretiosa der Prim und Capitula, Benedictiones lectionum. — 75. Breviarium totius anni, mit Advent beginnend, Proprium de tempore. — 169. finit pars hyemalis. — 170. Ritualrubriken mit Tafeln. — 175. In vigilia pasce. — 240'. finit pars estiualis. — 241. Incipit prima pars ... de sanctis, mit S. Andreae. — 282. Incipit secunda pars ... de sanctis, mit S. Ambrosii. — 365. Sequitur nunc commune sanctorum. — 402'. Incipiunt nunc vigilie mortuorum. — 405. Explicit breniarium. (B. 104.)

16. **Breviarium Benedictinum. Pars aestiva.** 317 f. m. 15,5 × 10,5 cm. 1507—14.

   f. 1. Ps. 58, 16. Anfang fehlt. Psalterium feriatum cum ordinario de tempore. — 54. Hymni. — 69. Capitula, Orationes, Antiphonae per annum, Suffragia communia. — 94. Incipit pars aestivalis de tempore, mit Pascha. — 181. Incipit pars aestivalis de sanctis, mit Commune tempore paschali, Officium B. M. V., Absolutiones capitulares. — 290'. Sequitur Commune Sanctorum. (Schw. 3.)

17. **Appendix Breviarii Monastici O. S. Benedicti Novis Sanctorum Officijs aucti cum alijs Festis Dioecesis**

Argentin. Officium de S. Benedicto Feria Tertia vacante, per Annum; Et Octava Eiusdem Sancti. 6 + 208 f. pap. 16 × 10 cm. 1683. (E. 56.)

18. Supplementum, novum, Breviarii Einsidlensis. 1738. III. + 199 f. pap. 22,1 × 18,2 cm. (E. 38.)

19. Breviarium Sanblasianum novum. 36 × 22 cm. s. XVIII. ex. Von den Mönchen St. Blasiens ausgearbeiteter Entwurf eines verbesserten Benediktinerbrevieres: Band I. a 252 + 167 + 10 pag. pap. Introductio, Psalterium, Commune Sanctorum et Officium votivum B. M. V. — I. b 479 + 210 pag. pap. Pars hiemalis. — II. 416 + 206 pag. pap. Pars vernalis. — III. 268 + 400 pag. pap. Pars aestivalis. — IV. 296 + 97 + 296 pag. pap. Pars autumnalis. (B. 19—23.)

20. Breviarium Cisterciense. 257 f. pap. 21,5 × 15 cm. 2 col. s. XV.

f. 1. Breviarium totius anni, Proprium de tempore, mit Advent beginnend. — 153. Proprium Sanctorum, mit Vigilia S. Andreae beginnend. — 228. Commune Sanctorum. — 241'. In dedicatione eccles. — 245. Hymni per annum, theilweise von anderen Schreibern. — 256' bricht ab. — 257. Hymnus ad Vesperas. 16. Jahrh. (B. 16.)

21. Breviarium Cisterciense „metti bvoch." Pars hiemalis. 328 f. m. 19,2 × 14 cm. 2 col. s. XV.

f. 2. Kalender. — 13'. Commemorationes per annum. — 17. Breviarium, Proprium de tempore von Advent bis Sabbatum sanctum. — 197'. Proprium Sanctorum mit S. Andreae beginnend. — 258. Commune Sanctorum. — 292. Cantica dominicalia et festiva. — 297'. Hymni. — 307'. Nachträge von Officien und Lectiones de Communi Sanctorum. (Gü. 5.)

22. Breviarium Cisterciense. Pars hiemalis. 255 f. pap. 14,2 × 10 cm. s. XV.

f. 1. Ecce dies veniunt . . . Jesu cordi iocum . . . Verse. — 2. Breviarium, Proprium de tempore von Advent bis Dom. infra octav. Ascensionis. — 154. Proprium Sanctorum von Vigilia S. Andreae bis S. Joannis ante portam latinam. — 241'. Hymnen. (B. 91.)

23. Breviarium matutinale Cisterciense. Pars aestiva. 257 f. m. 14,6 × 10 cm. s. XV.

f. 1. Proprium de tempore, mit Dom. III post Pasch. beginnend, da das Frühere weggeschnitten ist. — 104. Proprium Sanctorum, mit Vita S. Benedicti beginnend, bis S. Clementis. — 209. Commune Sanctorum. — 233. Anhang von Officiumstheilen und ganzen Officien. — 249. In dedicatione eccles., ganzes Officium, das f. 257' abbricht. (W. 4.)

24. **Breviarium monialium Cisterciensium ad St. Martinum in Erfordia. Commune Sanctorum.** 84 f. m. 19,3 × 13,5 cm. s. XV.

> f. 1. Commune Sanctorum temp. paschali, von anderer Hand. — 2. Commune Sanctorum extra temp. pasch., ganzes Officium, ohne Psalmen und Hymnen. — 59. Hymnen. — 62. Commune Evangelistarum. — 69'. Historia de S. Elisabeth Thur. — 74. Cantica dominicalia et festiva, deren Anfang in das Officium S. Elisabeth geheftet ist. (Pm. 74.)

25. **Breviarium Dominicanum.** 487 f. m. 23,3 × 17 cm. 2 col. s. XV.

> f. 1. Kalender. — 7. Psalterium feriatum cum ordinario de tempore, das Symbolum Athanasii zweimal. — 78. Generalrubriken. — 80'. Breviarium totius anni, Proprium de tempore, mit Advent beginnend und für das ganze Jahr. — 283. In dedicatione eccles. — 287'. Generalrubriken. — 293. Proprium Sanctorum, mit Vigilia S. Andreae beginnend und für das ganze Jahr, f. 352' durch das Commune Sanctorum temp. paschali unterbrochen. — 468. Commune Sanctorum. — 479. Officia B. M. V. et de Officio defunctorum. — 482. Ordo completorii, das Pretiosa der Prim und Benedictiones lectionum. — 483. Officium S. Dorotheae V. et Praesentationis B. M. V. — Gemalte Initialen. (Pm. 32.)

26. **Breviarium Dominicanum.** 404 f. m. 20,8 × 14 cm. 2 col. s. XV.

> f. 2. Officium S. Thomae Aq. — 6. Kalender mit Tabula Bedae, einer Kalender- und einer Zeittafel. — 14. Psalterium feriatum cum ordinario de tempore. — 82. Breviarium totius anni, Proprium de tempore vom Advent an. — 234'. In dedicatione. — 239. Proprium Sanctorum, mit S. Andreae beginnend und f. 286 durch das Commune Sanctorum temp. paschali unterbrochen. — 377. Commune Sanctorum et Officium B. M. V. — 390. Completorium, das Pretiosa der Prim, Benedictiones lectionum, Nachträge von Lektionen, Orationen et Officien. — Gemalte Initiale O auf f. 303'. (x. 10.)

27. **Breviarium monialium Dominicanarum.** 417 f. m. 21 × 14,5 cm. 2 col. s. XV.

> f. 1. B. M. V. in sabbatis, 8 Lektionen. — 2. Kalender. — 8. Psalterium feriatum cum ordinario de tempore, am Ende die Cantica N. T., Litania, Historia S. Thomae Aq., letztere unvollständig. —

58. Generalrubriken. — 59. Breviarium totius anni, Proprium de tempore, mit Advent beginnend. — 222. Generalrubriken. — 226'. Proprium Sanctorum, mit Vigilia S. Andreae beginnend und f. 270 durch das Commune Sanctorum temp. paschali unterbrochen. — 372. De Officio B. M. V. in sabbato, Verzeichnis der Cantica graduum, Officium parvum B. M. V., Officium defunctorum, Anfang der Komplet, das Pretiosa der Prim, Benedictiones lectionum und die Feriallektionen der Quadragesima mit deutschen Namen der Wochentage. — 388. Officium Corporis Chr., S. Thomae Aq. und andere, das letzte, S. Ambrosii, bricht f. 417' ab. Mehrere Schreiber. — Gemalte Initiale B auf f. 2. (Pm. 26.)

28. **Breviarium monialium Dominicanarum. 527 f. m. 24,6 × 17 cm. 2 col. s. XV.**

f. 1. Kalender. — 8. Psalterium feriatum cum ordinario de tempore. — 94. Generalrubriken. — 95. Breviarium totius anni, Proprium de tempore vom Advent an. — 314'. In dedicatione eccl. — 320. Proprium Sanctorum, mit Generalrubriken beginnend und f. 374' vom Commune Sanctorum temp. paschali unterbrochen. — 491'. Commune Sanctorum. — 504. Officia B. M. V. — 509'. Orationes pro defunctis. — 510. Komplet, das Pretiosa der Prim und Benedictiones lectionum. — 512. In commemoratione omnium fidelium defunctorum und andere Officien als Nachtrag. — Gemalte Initialen. (Pm. 79.)

29. **Breviarium monialium Dominicanarum. Pars hiemalis. 261 f. m. 21 × 15,5 cm. 2 col. 1499.**

f. 1. Psalterium feriatum cum ordinario de tempore, f. 62' bricht im Canticum Habacuc, v. 14, ab. — 63. Incipit Breviarium. Proprium de tempore von Advent bis Ostern; f. 169. Proprium Sanctorum von S. Andreae bis S. Benedicti; f. 225'. Commune Sanctorum. — 236. Officium B. M. V. „am samstag". — 233. Cursch vnd officium vnszer frauwen, Officium parvum B.M.V. et officium votivum S. Dominici „an allen afftermontagen". — 245. Officium defunctorum. — 247. Das Pretiosa der Prim, Benedictiones lectionum und die Lektionen des Commune Sanctorum. — 254. Vonn de festenn, Generalrubriken. — Gemalte Initialen. Geschrieben von Bruder Albrecht von Breslau Predigerordens zu Augsburg. (Pm. 20a.)

30. **Breviarium Dominicanum. Pars hiemalis. 360 f. m. 18,5 × 13 cm. 2 col. s. XV.**

f. 1. Kalender. — 7. Incipit breviarium secundum consuetudinem ordinis sacratissimi fratrum praedicatorum. Proprium de tempore von Advent bis Pfingstwoche. — 120. In dedicatione eccles. — 214'. Proprium Sanctorum von S. Andreae bis S. Barnabae, auf f. 313' durch das Commune Sanctorum temp. paschali unterbrochen. — 342. Commune Sanctorum. — 355'. Officia B. M. V. —

357'. Benedictiones lectionum. — 358. Officium S. Antonii, in dem f. 359' abbricht. — Gemalte Initialen. (Pm. 38.)

31. Psalterium, Rituale, Breviarium Franciscanum. 495 f. m. 16,3 × 11,5 cm. 2 col. s. XIV.

f. 1. Zeittafel der beweglichen Feste. — 2. Kalender. — 8. In secundis vesperis S. Clarae. — 9. Psalterium feriatum cum ordinario de tempore. — 61'. Hymni per annum. — 71. Officium parvum B. M. V. — 77'. Rituale mit Ordo communicandi et ungendi, Commendatio animae, Ordo sepeliendi. — 83. Generalrubriken. — 87. Ordo breviarii fratrum minorum, totius anni, Proprium de tempore vom Advent an. — 297. Proprium Sanctorum, mit S. Saturnini anfangend und auf f. 329 durch das Commune Sanctorum temp. paschali unterbrochen. — 450. Commune Sanctorum, in dedicatione eccles., directorium in 8 tabulis. — 474. Nachträge von Officien und Ritualrubriken durch mehrere Schreiber. — Gemalte Initialen. (Geo. 15.)

32. Breviarium Romanum (Franciscanum). 501 f. m. 14,3 × 10,2 cm. 2 col. s. XV.

f. 2. Kalender. — 8'. Psalterium dispositum cum ordinario de tempore. — 77'. Generalrubriken und Nachträge zum Brevier. — 92. Hymni per annum. — 102. Incipit breviarium secundum consuetudinem Romanae Curiae, totius anni, Proprium de tempore, mit Advent beginnend. — 274'. Proprium Sanctorum, mit S. Saturnini anfangend und auf f. 305' durch das Commune Sanctorum temp. pasch. unterbrochen. — 439. Commune Sanctorum, in dedicatione eccles., Officium B. M. V., Officium defunctorum, Nachträge von Officien und Benedictio mensae. — Gemalte Initiale F auf f. 102. (Geo. 16.)

VI. Diurnum

oder Diurnale enthält die Theile des Officiums von den Laudes an bis Completorium einschliesslich: »diurnale dicitur eo quod diurnum officium in ipso contineatur.« Die Einteilung oft die des Brevieres in Pars hiemalis, Pars aestiva, Proprium de tempore, Proprium Sanctorum, Commune Sanctorum. Die innere Einrichtung ist höchst verschieden und willkürlich; nicht selten sind die Theile der Officien nach dem zufälligen Bedürfnis zusammengeschrieben.

Zuweilen werden aus dem Matutinum beigegeben: Invitatoria, Hymni, Psalmi; ferner die Anhänge des Brevieres, besonders:

Officium (Cursus) Beatae Mariae Virginis vollständig; Officium defunctorum (Vigiliae mortuorum); Memoriae = Commemorationes Sanctorum communes; Psalmi poenitentiales et graduum.

1. **Diurnum.** 154 f. m. 14 × 9,7 cm. s. XV.

    f. 1. Versus et Oratio zur Antiphon „Media in vita". — 1'. Oratio in feria V, VI, Sabbato hebdomadae sanctae. — 2. Ante missam accessus. — 4. De passione Domini per singulas horas. — 5. Prim, in welcher der Anfang des Ps. 25 fehlt, bis Komplet mit Psalmen und Ordinarium de tempore. — 60. Capitula, Collectae, Antiphonae de tempore et f. 81 de Communi Sanctorum. — 98'. Suffragia Sanctorum cum registro. — 106. Completorium per annum et Preces. — 130. Invitatoria, Antiphonae ad Laudes de ordinario hebdomadae et Responsoria de tempore in Vesperis. — 132. Nachträge zum Proprium Sanctorum und Antiphonae de tempore. — 143. Suffragia de B. M. V. — 147'. Lat. Gebete und Suffragia Sanctorum. (A. CCLXV.)

2. **Diurnale Benedictinum.** Pars hiemalis. II × 213 f. pap. 10,6 × 8 cm. 1532.

    f. 1. Mit Dom. I. Adventus beginnend Capitula, Suffragia Sanctorum, 15 ps. grad., 7 ps. poenitent. cum litania, 5 ps. de passione Domini, Officium mortuorum, benedictio mensae, Completorium, Officium B. M. V. in Adventu, die Psalmen nur in den Anfängen. — 70. Incipit Breviarius secundum consuetudinem ecclesiae S. Johannis baptiste in Blaubiren ordinis S. Benedicti. Diurnale mit Theilen der Matutin. Proprium de tempore bis zur Vigilia Ascensionis. — 150. Proprium Sanctorum. — 201. Benedictiones lectionum, Responsoria, Verzeichnis der Psalmen für das Commune Sanctorum und von mehreren Schreibern ein Anhang mit Sinnsprüchen und Orationen, Antiphonen, Versus mem. — 207. Contra poculum amatorium vulgaliter gang mir nach. Rezept. — 1532 von Jacobus Wall von Blaubiren geschrieben. (Geo. 58.)

3. **Diurnum Cisterciense.** 255 f. m. 14 × 10 cm. s. XV.

    f. 1. Collecta. Deus qui. Diurnum, das nur für die Ferien Theile der Matutin enthält; Proprium de tempore mit feria III der Osterwoche beginnend, da am Anfange fehlt, was Gü. 9 von f. 1—90 bietet. — 34'. Proprium Sanctorum von S. Stephani Protom. bis S. Barbarae V. — 103. Commune Sanctorum. — 121. Hymni per annum. — 149. In dedicatione eccles. — 153. Anhang einer grösseren Anzahl von ganzen Officien und Officiumstheilen von mehreren Schreibern. — 244' bricht ab. — 245. O maria eine mittlerin, deutsches Gebet. (Gü. 7.)

4. **Diurnum Cisterciense.** 401 f. m. 12 × 9 cm. s. XV.

    f. 1. Antiphonen und Kollekte X milium Martyrum. — 1'. Diurnum totius anni ohne Theile der Matutin, sonst mit Gü. 7. übereinstimmend. Proprium de tempore, mit Sabbatum in Adventu beginnend. — 131. Proprium Sanctorum von Vigilia S. Andreae an. — 214. In dedicatione eccles. et Commune Sanctorum. — 238. Hymni per annum. — 273. Anhang von mehreren Schreibern: Officien und ganzes Officium parvum B. M. V. — 311. Ganzes Officium defunctorum, beide mit Psalmen. — 392. Psalmi poenitentiales cum Litania. — Gemalte Initialen. (Gü. 9.)

5. **Diurnum monialium Cisterciensium. 298 f. m. 13 × 10 cm. s. XV.**

f. 1. Kalender. — 7. Diurnum totius anni meistens ohne Theile der Matutin. Proprium de tempore, mit Sabbatum in Adventu beginnend. — 122'. Proprium Sanctorum von S. Stephani Protom. an. — 207. Commune Sanctorum. — 226'. In dedicatione. — 230. Hymnen. — 270. Ordinarium de tempore für die Ferien. — 275. Officium 1. de Corpore Chr., de Spinea Corona, 2. de Corpore Chr. et Antiphonae, von mehreren Schreibern. (Pm. 69.)

6. **Diurnum Cisterciense. Pars hiemalis. Proprium de tempore, 84 f. pap. m. mixt. 14,5 × 10,5 cm. s. XV.**

f. 1. Kalender, mit Februar beginnend, der Anfang fehlt. — 12. Diurnum ohne Theile der Matutin. Proprium de tempore von Sabbatum ante Dom. I. Adventus bis Osteroktav. — 54' bricht ab. (W. 5.)

7. **Diurnum monialium Dominicanarum. 287 f. m. 17 × 12 cm. s. XIV.**

f. 2. Kalender. — 9. Diurnum totius anni ohne Theile der Matutin und ohne Laudes. Proprium de tempore, mit Dom. I. Adventus beginnend, am Ende die Sonntage des August, Oktober, November und Dominicae post Trinit. — 144'. De dedicatione eccles. — 119. Proprium Sanctorum, auf f. 145' durch das Commune Sanctorum temp. paschali unterbrochen. — 215. Commune Sanctorum et Memoriae Sanctorum. — 228. Prim bis Komplet. — 281. Angehängt: „von vnsers herren lichamen," Diurnum für Corporis Chr., von anderer Hand. — Gemalte Initialen. (Pm. 55.)

8. **Diurnale Dominicanum. 274 f. m. 17 × 11,5 cm. s. XIV—XV.**

f. 1. Kalender. — 7. Diurnum totius anni mit dem Officium von den Laudes an. Proprium de tempore mit Dom. I. Adventus beginnend. — 104'. In dedicatione eccles. — 109. Incipit diurnale de sanctis, auf f. 128 durch das Commune Sanctorum temp. paschali unterbrochen. — 186. Commune Sanctorum et Memoriae Sanctorum. — 200'. De B. M. V. in sabbatis. — 202'. „Ad vesperas" Psalmi. — 240'. „Ad primam" Psalmi et Symbolum Athanasii. — 249. Versus, Kapitel, Hymnus de Ss. Sacramento, von anderer Hand. — 251. Officia S. Agnetis, S. Thomae Aq., XI milium virginum, Corporis Chr., Visitationis B. M. V., S. Elisabethae, S. Margaretae, von anderer Hand. — Gemalte Initiale E auf f. 7. (Pm. 62.)

9. Diurnum Dominicanum. 216 f. m. 17 × 12 cm. s. XIV.—XV.

f. 1. Kalender. — 7. Aderlasstafel. — 8. Diurnum totius anni, von der Matutin die Hymnen enthaltend. Proprium de tempore, mit Dom. I. Adventus beginnend. — 99'. In dedicatione eccl. — 103. Proprium Sanctorum, auf f. 130 durch das Commune Sanctorum temp. paschali unterbrochen. — 204'. Commune Sanctorum. — 216' bricht mit der Antiphon zum Benedictus im Commune Virginum ab. — Gemalte Initialen. (Pm. 63.)

10. Diurnum monialium Dominicanarum. Pars aestiva. 269 f. m. 17 × 12 cm. 1485.

f. 3. Kalender. — 9. Diurnum mit Theilen der Matutin, Inhalt und Anordnung wie n. 18. Proprium de tempore mit Ostern beginnend. — 65'. Pater, Ave, Credo, Prim bis Komplet. — 105. Proprium Sanctorum, auf f. 110 durch Commune Sanctorum temp. paschali unterbrochen. — 224. Commune Sanctorum. — 243. De Lancea et Clavis Domini et de B. M. V. — 255. Das Pretiosa der Prim und die segen der letzen. — 258. Die metten von vnser lieben frawen. — 268. In festo divisionis Apostolorum. — Gemalte Initialen. (Pm. 59).

11. Diurnum monialium Dominicanarum. Pars hiemalis. 250 f. m. 17 × 13 cm. 1495.

f. 1. Kalender. — 7. Diurnum, f. 7 — 146 erster Theil für die Laudes und die übrigen Horen. Proprium de tempore mit Dom. I. in Adventu beginnend. — 53'. Proprium Sanctorum. — 79. Commune Sanctorum, Officium B. M. V. et S. Dominici. — 97'. Prim bis Komplet. — 145. Antiphonae: So man disciplin nympt, Vmb ein regen, Vmb ein schöns weter, Generalcapitel. — 146. Zweiter Theil mit Stücken der Matutin. Proprium de tempore. — 185'. Proprium Sanctorum. — 210. Commune Sanctorum. — 230. Invitatoria et Memoriae. — 233. Das Pretiosa der Prim. — 235. Benedictiones. — 236'. Incipit cursus de b. virgine. — 248'. Nachtrag zum Officium B. M. V. — 250. Hymnus de S. Josepho „Joseph stirpis", von anderer Hand. — Gemalte Initialen. (Pm. 36a.)

12. Diurnum monialium Dominicanarum. 355 f. m. 14 × 10 cm. s. XV.

f. 1. Kalender. — 7. Aderlasstafel. — 8. Diurnum totius anni mit Hymnen der Matutin. Proprium Sanctorum, mit Vigilia S. Andreae beginnend und f. 43' durch das Commune Sanctorum temp. paschali unterbrochen. — 127'. Commune Sanctorum. — 141'. De B. M. V.

in sabbato. — 145. Proprium de tempore mit Dom. I. in Adventu beginnend. — 281. Cursus — vollständiges Officium parvum B. M. V. — 307'. Prim bis Komplet für Sonn- und Wochentage. — 346. Memoriae, das Pretiosa der Prim und Nachträge von Officia Sanctorum. Zwei Schreiber. f. 280 fehlt das angekündigte Officium in dedicatione eccles. (L. 8.)

13. Diurnum monialium Dominicanarum. 300 f. m. 11.5 × 8,7 cm. s. XV.

f. 1. Kalender. — 7. Aderlasstafel. — 8. Diurnum totius anni ohne Theile der Matutin, zuerst Commemorationes. — 12'. Das Pretiosa der Prim. — 16. Die segen der letzen. — 18. Benedictio mensae, Antiphonen, Hymnus Veni creator. — 22. Cursus — Officium parvum B. M. V. — 55'. Officium B. M. V. in Adventu. — '59. Pater, Ave, Credo, Prim bis Komplet. — 111. Proprium de tempore. — 142'. Officium defunctorum. — 171. Psalmi poenitentiales cum Litaniis. — 138. Eine Anzahl Psalmen. — 209'. Officium de S. Dominico. — 213. Commune Sanctorum. — 233'. Proprium Sanctorum, besonders Orationen. — 246'. In passione Domini, in cathedra S. Petri. — 251. Intonationen, von späterer Hand, und Orationen. — 253. Proprium de tempore, von anderer Hand. — 270. In dedicatione eccles. — 273'. Officia in octavis. — 296. Die grossen Antiphonen. — 297'. Nachträge von Versus und Orationen. — Quadratnoten. (Pm. 76.)

14. Diurnum monialium Dominicanarum. Pars hiemalis. 214 f. m. 17,6 × 12,5 cm. s. XV.

f. 1. Kalender. — 7. Diurnum mit Theilen der Matutin. Proprium de tempore von Dom. I. in Adventu bis Sabbatum sanctum. — 81'. Pater, Ave, Credo, die kleineren Horen. — 98. Vespern und Komplet. — 122. Proprium Sanctorum. — 173. Commune Sanctorum. — 191. Officium B. M. V. in sabbato et Officia votiva de S. Dominico, Ss. Trinitate, S. Catharina. — 204. Die metten von vnsrer frauen. Im übrigen Inhalte mit n. 19. übereinstimmend. — Gemalte Initiale E auf f. 7. (Pm. 57 a.)

15. Diurnum monialium Dominicanarum. Pars aestiva. 266 f. m. 17,5 × 13,2 cm. s. XV.

f. 1. Kalender. — 7. Diurnum mit Theilen der Matutin, Inhalt und Anlage wie n. 18. Proprium de tempore, mit Dies Paschae beginnend, am Ende die Sonntage nach Trinitatis. — 63. In dedicatione eccles. — 68. Pater, Ave, Credo, Prim bis Komplet. — 109'. Proprium Sanctorum, auf f. 115 durch das Commune Sanctorum temp. paschali unterbrochen. — 227'. Commune Sanctorum et Memoriae. — 246'. Officium Lanceae et Clavorum et B. M. V. — 255'. Das Pretiosa der Prim. — 258. Officium parvum B. M. V. — Gemalte Initiale A auf f. 7. (Pm. 68.)

**16. Diurnum monialium Dominicanarum.   Pars aestiva.
282 f. m. 17 × 13 cm. 1501.**

f. 1. Kalender. — 7. Diurnum, f. 7—172 erster Theil für die Laudes und die übrigen Horen. Proprium de tempore mit Ostern beginnend. — 42. In dedicatione eccles. — 43′. Proprium Sanctorum, auf f. 48 durch das Commune Sanctorum temp. paschali unterbrochen. — 111. Commune Sanctorum. — 123′. De B. M. V. — 130′. Pater, Ave, Credo, Prim bis Komplet. — 172. Zweiter Theil mit Stücken der Matutin. Proprium de tempore, mit Dies paschae beginnend. — 179. Proprium Sanctorum, auf f. 202 durch das Commune Sanctorum temp. paschali unterbrochen. — 250′. Commune Sanctorum. — 263. Das Pretiosa der Prim mit den angehängten Antiphonen und den Benedictiones. — 266. Officium Transfigurationis D. N. J. Chr., S. Catharinae, S. Annae, Memoriae. — 281. Antiph. ad Magnificat de Catharina. — 282′. Sequentia de B. M. V. „Astra coeli", Versus und Kapitel de S. Vincentio. (Pm. 60.)

**17. Diurnum monialium Dominicanarum.   Pars hiemalis.
217 f. m. 17 × 12,5 cm. 1516.**

f. 1. Kalender. — 8. Diurnum mit Theilen der Matutin, Inhalt und Anlage wie n. 19, der zweite Theil zu n. 18. Proprium de tempore mit Advent beginnend. — 83. Pater, Ave, Credo, Prim bis Komplet. — 123. Proprium Sanctorum, Commune Sanctorum, Officia votiva. — 208. Das Pretiosa der Prim mit seinen Anhängen. — Gemalte Initiale, nur zum Theile erhalten, auf f. 8. (Pm. 53a.)

**18. Diurnum monialium Dominicanarum.   Pars aestiva.
256 f. m. 17 × 12,5 cm. 1516.**

f. 1. Kalender. — 7. Diurnum mit Theilen der Matutin. Proprium de tempore, mit Dies Paschae beginnend, am Ende die Sonntage nach Trinitatis. — 58. In dedicatione scti. templi. — 62. Pater, Ave, Credo, Prim bis Non. — 76. Vespern und Komplet. — 102. Antiphonen: So man disciplin nympt, vmb ein regen, Vmb ein schon wetter, Generalcapitel. — 102. Proprium Sanctorum, auf f. 107 durch das Commune Sanctorum temp. paschali unterbrochen. — 215. Commune Sanctorum. — 233′. Invitatoria et Memoriae. — 234. Officium de Lancea et Clavis Dni. et Officium B. M. V. — 244. Das Pretiosa der Prim und Benedictiones der Matutin. — 247. Officium parvum B. M. V. mit Te Deum und Laudespsalmen. — Gemalte Initiale A auf f. 7. (Pm. 34.)

**19. Diurnum monialium Dominicanarum.   Pars hiemalis.
237 f. m. 16,8 × 12 cm. 1519.**

f. 1. Kalender. — 6. Diurnum mit Theilen der Matutin. Proprium de tempore von Dom. I. in Adventu bis Sabbatum sanctum. — 88. Pater, Ave, Credo, Prim bis Komplet. — 132. Antiphonen: So man die disciplin nimpt, Pro pluuia, Generalcapitel. — 133. Proprium Sanctorum. — 191'. Commune Sanctorum. — 211. Invitatoria et Memoriae. — 212. Officium B. M. V. in sabbato, Officia votiva de S. Catharina, S. Dominico, das Pretiosa der Prim, Officium defunctorum. — 226. Benedictiones lectionum. — 227. Officium parvum B. M. V. mit Te Deum und Laudespsalmen. — Gemalte Initiale E auf f. 6. (Pm. 34a.)

20. Diurnum monialium Dominicanarum. Pars aestiva. 259 f. m. 17 × 12 cm. 1519.

f. 2. Kalender. — 9. Diurnum mit Theilen der Matutin, Inhalt und Anlage wie n. 18. Proprium de tempore mit Dies Paschae beginnend. — 58. In dedicatione eccles. — 62. Pater, Ave, Credo, Prim bis Komplet. — 100'. Proprium Sanctorum, auf f. 105 durch das Commune Sanctorum temp. paschali unterbrochen. — 204'. Commune Sanctorum. — 235. Officium Lanceae et Clavorum, de B. M. V. — 245. Das Pretiosa der Prim, Benedictiones lectionum, Officium parvum B. M. V. — Gemalte Initiale A auf f. 9. (Pm. 103.)

21. Diurnale Franciscanum. 367 f. m. 10 × 6.9 cm. s. XIV. XV.

f. 2. Zeittafel vom Jahre lxxxij bis cxij. — 3. Kalender. — 13. Prim bis Komplet. — 89. Hymni per annum et de Communi Sanctorum. — 117. Theile eines Officium B. M. V. — 125. Incipit diurnale fratrum minorum secundum consuetudinem Romanae curiae, totius anni, ohne Theile der Matutin. Proprium de tempore, mit Advent beginnend. — 228. Proprium Sanctorum, mit S. Saturnini beginnend. — 285. Commune Sanctorum — 298. Antiphonae per annum et de Communi Sanctorum. — 342. Anhänge ganzer Officien und einzelner Theile von mehreren Schreibern. Bis f. 342 zwei Schreiber, da eine ältere Handschrift durch eine jüngere ergänzt wurde. (Geo. 25.)

VII. Martyrologium

enthält ursprünglich die Aufzählung der Martyrer, später der Heiligen überhaupt, deren Gedächtnis gefeiert wurde, für die einzelnen Tage des Kalenders, mit Angabe des Ortes und der Zeit ihres Todes, oft auch mit anderen biographischen Nachrichten. Die Lesung desselben bildet einen Theil der Prim. Nach ihr folgt der Versus 6 aus Ps. 115: V̅. Pretiosa in conspectu Domini ℞. Mors Sanctorum eius, so dass dieser mit dem folgenden Abschnitte der Prim ›das Pretiosa‹ genannt wird. In vielen Orden wurde am Schlusse der Prim als sogenannte Absolutio Capituli der Anfang des sonntäglichen Evangeliums oder ein Kapitel aus den Ordensregeln oder

Konstitutionen gelesen. Daher sind letztere bisweilen den Martyrologien beigegeben. Sonst diente, wie im Ordo Romanus, eine Lectio brevis, ein kurzer Abschnitt aus der h. Schrift, ad Absolutionem Capituli.

1. **Martyrologium (25 f. m. s. IX.) cum Regula S. Benedicti et absolutionibus capitularibus.** 102 f. m. 28,4 × 20,5 s. IX. XV.

    f. 1'. Urkunde des Abtes Martin von Reichenau 1499. — 2. Incipit prologus regule sanctissimi patris nostri benedicti.... im 15. Jahrhundert zur Ergänzung des verlorenen Anfangs nachgeschrieben, bis ... audieritis. — 3. Fortsetzung dazu: (audi) eritis: nolite ... — 3—71'. Regula S. Benedicti, 9. Jahrhundert, mit Ergänzungen in Text und Rubriken aus dem 15. Jahrhundert. — f. 72. In nomini domini ihesu incipit martyrologium per circulum anni, mit VIII. K(a)L(endas) ianuarias, Christi Geburt, anfangend ... und f. 96' mit VIII I. k(a)lendas Ian(uarius) schliessend. 9. Jahrhundert mit späteren Nachträgen. — 97. Incipiunt absolutiones capitulares per circulum anni. Et primo de tempore, mit Advent beginnend; dann f. 98 de sanctis, f. 98' commune sanctorum und de sanctis tempore paschali. 15. Jahrhundert. — 99—102 nichtliturgische Anhänge: Vermächtnis des Chadoltus (Catholdus Novar. episc., Neugart, Ep. Const. p. 103). — Stiftung des Bischofs Christof v. Konstanz 1561 und kleinere Einträge. Die Handschrift wird von Reginbert erwähnt unter N. XX (Neugart p. 550). Die hier verzeichneten hymni Ambrosiani sind verloren. — Farbige Initialen. (A. CXXVIII.)

2. **Martyrologium conventus S. Crucis Erford.** 74 f. m. 27 × 20,2 cm. 1356.

    f. 1c. Kalendas ianuarij. Anfang des Martyrologiums. — 74. Einkünfteverzeichnis und Anniversareinträge. — Gemalte Initiale R auf f. 1c. (Pm. 37.)

3. **Martyrologium, Capitula, Necrologium, Regula S. Benedicti.** 122 f. m. 33 × 25,5 cm. 2 col. s. XV.

    f. 1. Obierunt nostrae congregationis — dicitur quottidie in capitulo. — 3. Notum sit omnibus. Beschluss über die Exequien der Verstorbenen des Klosters St. Georgen und der ihm unterstehenden Klöster unter Abt Georg von Ast 1481. — 5. Incipit viola sanctorum. Martyrologium, f. 52—55 von späterer Hand. — 58. Capitula quottidie in capitulo dicenda. — 61'. Necrologium. — 98. Regula S. Benedicti. (Geo. 7.)

4. **Martyrologium Franciscanum.** 97 f. m. 28,5 × 19,2 cm. s. XV.

    f. 2. Regel für die Auffindung der Mondtage. — 2'. Martyrologium. — 92'. Capitula per annum, mit Dom. I. de Adventu beginnend. — Gemalte Initialen. (Geo. 9.)

VIII. Collectarius,

deutsch ›Kollektner‹, ›quia in unum sunt in eo collecta ea quae dicenda sunt a sacerdote extra officium missae‹. (Cod. Pm. 24 = unten n. 6 und Cod. Pm. 84 = n. 7.)
Er enthält Kalender, Modus inchoandi horas, — dicendi Capitula, Orationes, Preces, — terminandi horas mit Musiknoten, Benedictiones, Capitula, Orationes, Officia (in disciplinis et ritu), Modus dicendi Pretiosa (in Prima = Martyrologium et Evangelium, vgl. n. VII.), Principia Antiphonarum, Modus dicendi Versiculos. Die Anordnung ist verschieden und entspricht oft nur dem zufälligen Bedürfnisse.

1. Collectarius. 100 f. m. 26,9 × 19,2 cm. s. XIV.

f. 1. Oratio super poenitentes und Verzeichnis der Orationes Officii defunctorum pro singulis feriis. — 1'. Benedictiones lectionum. — 2. Kalender. — 1. (bis) Collectarius. Capitula et Orationes Proprii de tempore. — 42'. Capitula de Communi Sanctorum. — 49'. Ordinarium hebdomadis und Orationen nach Marianischen Schlussantiphonen. — 51'. Suffragia communia et Preces. — 52. Capitula et Orationes Proprii Sanctorum. — 91. Litania et Orationes. — 99. Officium votivum B. M. V., Pater noster. — 100'. Responsorium de morte Domini fer. VI. (A. CLXIX.)

2. Collectarius. 48 f. m. 32,5 × 22 cm. 2 col. s. XVII.

f. 1. Collectarius für Laudes und Vespern. Proprium de tempore. — 13. Proprium Sanctorum. — 28. Commune Sanctorum. — 32. Benedictio pontificalis, in primitiis, oratio Dominica, Antiphonae B. M. V., Evangelia in festo Corporis Chr. — 40. Supplementum zum Proprium Sanctorum. — Quadratnoten. — Gemalte Initialen. (B. 1.)

3. Collectarius, Antiphonae, Hymni, Directorium monialium Benedictinarum. 237 f. m. 149, 189, 240 pap. 14.5 × 10 cm. s. XIV.

f. 1. Kalender. — 7. Nachtrag. Capitula. — 8. Collectarius. Capitula per annum, mit Advent beginnend, et de Communi. — 31. Preces et Collectae per annum et de Communi. — 88. Antiphonae per annum. — 148. Officia B. M. V. — 158. Antiphonen, von anderer Hand. — 159. Hymni. — 197. Cantica dominicalia et festiva. — 203. die briefi von dem sunnentag = Directorium. — Gemalte Initialen. (Geo. 33.)

4. **Collectarius Benedictinus.** 131 f. m. 25 × 17,5 cm. s. XV.

f. 1. Kalender. — 14. Collectarius. Capitula de tempore et de Sanctis, mit Advent beginnend, f. 41 de Communi Sanctorum et in dedicatione eccles., f. 46 de dominicis et feriis per annum, Preces, Confessio generalis, Suffragia communia et in commemoratione B. M. V., Benedictiones variae. — 59. Orationes de tempore, mit Advent beginnend, f. 82' de Sanctis, f. 111 de Communi Sanctorum et de defunctis. — 115'. Ad XV gradus et Litania. — 124. Nachträge, darunter lectiones de B. M. V. (E. 4,)

5. **Collectarius monialium Cisterciensium.** 135 f. m. 25 × 18,5 cm. s. XV.

f. 1 Kalender mit Bezeichnung der Kollekten durch Buchstaben. — 11. Collectae communes, durch Buchstaben bezeichnet und unvollständig, da f. 17' abbricht. — 18. Der Anfang fehlt. Capitula et Collectae de tempore, mit fer. II. post Dom. I. Adventus beginnend, f. 68 de Sanctis, mit S. Stephani beginnend, f. 104' de Communi Sanctorum, f. 115 in dedicatione eccles. — 117. Litania super 7 psalmos in sextis feriis, Veniae, Antiphonae pro pace, pluvia, serenitate, contra infideles. — 123. Benedictionen der Nonnen, welche Klosterdienste bekleiden, u. a., Collectae, zuletzt de defunctis. — 133'. Ordo versiculorum in commemorationibus dicendorum, von anderer Hand, in dem f. 135' abbricht. — Gemalte Initialen. (Pm. 50.)

6. **Collectarius et Rituale monialium Dominicanarum.** 116 f. m. 22 × 16 cm. s. XIV.

f. 1. Erklärung des Wortes Collectarius und Register. — 2. Kalender. — 8—14. Modus inchoandi horas, dicendi capitula, orationes, „confiteor", preces, terminandi horas, de benedictione lectionum in matutinis. — 14. Capitula: de tempore, vom Advent an, f. 20 in festo dedicationis ecclesiae, f. 20' Capitula Sanctorum, mit S. Stephani beginnend. — 29'. Orationes: de tempore, vom Advent an, f. 48' in dedicat. eccles., f. 49 de Sanctis, mit S. Andreae beginnend, f. 63' de Communi., f. 66' in commemorationibus B. M. V. und in Officio defunctorum. — 67'. De disciplinis post completorium. — 68. De officio in receptione noviciorum. — 68'. De oratione pro capitulo generali et pro pergentibus ad illud . . . De benedictione itinerantium. — 69 De modo ricipiendi ad beneficia. . . . De preciosa. — 71. Benedictiones. — 75'. Principia antiphonarum. — 91. Subscripto modo dicantur versiculi (versiculi dicendi ante laudes). — 92'. Rituale. De communione infirmi. — 94. De extrema unctione. — 98'. De transitu sororis. — 108. Modus recipiendi extraneos ad sepulturam. — 110. Nachträge von Kapiteln, Orationen, Kollekten durch mehrere Schreiber. — Quadratnoten. — Gemalte Initialen. (Pm. 24.)

7. **Collectarius et Rituale Dominicanum.** 128 f. m. 24,5 × 17 cm. s. XIV.

f. 1. Historische Notizen über die Sorores de Columbaria area in Ufnau. — 1'. Erklärung des Wortes Collectarius und Register. — 1 b. Modus cantandi und Ritualrubriken. — 8. Collectarius. Capitula de tempore, mit Dom. I. Adventus beginnend, f. 13' in dedicatione eccles, f. 13' de Sanctis, f. 20' de Communi Sanctorum. — 23'. Orationes de tempore, f. 44 in dedicatione eccl. et de Sanctis, f. 67 de B. M. V. et de defunctis, f. 69 zur Komplet und bei andern Anlässen. — 71. Das Pretiosa der Prim und Benedictiones. — 80. Principia antiphonarum. — 96'. Versus. — 98'. Rituale. Modus communicandi infirmum, f. 100 ungendi. — 109'. Commendatio animae et Modus sepeliendi. — 119'. Nachtrag von Orationen und Kapiteln durch andere Schreiber. — Quadratnoten. (Pm. 84.)

8. **Collectarius monialium Dominicanarum.** 136 f. m. 21 × 14 cm. s. XIV.—XV.

f. 1 Kalender. — 11. Collectarius. Capitula de tempore, mit Dom. I. in Adventu beginnend, f. 19 in dedicatione eccles., f. 20 de Sanctis, f. 29 de Communi Sanctorum et de B. M. V. — 33'. Orationes in der nämlichen Anordnung und f. 103' de defunctis — 105'. Versiculi dicendi per totum annum, das Pretiosa der Prim, Benedictiones lectionum, Completorium. — 114. Nachträge: Orationes et Capitula, f. 119 Litania, Orationes et Capitula. — 136' bricht ab. — Gemalte Initialen. (Pm. 78.)

9. **Collectarius Dominicanus.** 19 f. m. 20—29 pap. 20,8 × 15 cm. s. XV.

f. 1. Collectarius, mit ad Completorium beginnend. Kapitel und Kollekten ohne bestimmte Ordnung und von mehreren Schreibern. (Pm. 97.)

10. **Collectarius monialium Dominicanarum ad S. Udalricum Dilling.** 94 f. m. 95—117 pap. 23 × 15 cm. 1515.

f. 1. Sechs Orationes de Sanctis, mit de S. Hilario beginnend. — 2. Kalender. — 5. Orationes de Sanctis. — 9. Collectarius. Capitula totius anni von Dom. I. in Adventu an. — 26'. Orationes totius anni. — 73. De disciplinis post Completorium, Benedictiones, Pretiosa Primae. — 76'. Versiculi. — 77'. Intonationen der Antiphonen und anderer Gesänge. — 94. Benedictiones lectionum et conclusiones Orationum. — Quadratnoten. — Lat. und eine deutsche Ritualrubrik. — Geschrieben von Schwester Agnes Rytzmännin von Ulm im Kloster St. Ulrich in Dillingen. — 95—117. Orationen und deutsche Ordnung für die Exequien des Klosters aus neuerer Zeit. (Pm. 72.)

11. Collectarius, Necrologium, Ordo divini officii ecclesiae S. Mariae Erfordiensis. 203 f. m. 31,3 × 22 cm. 2 col. s. XIII—XV.

> f. 1 a. Einträge über Einkünfte. — 1 b. Necrologium, vergl. Mone, Anzeiger, 4. Jahrg. Kol. 141 ff. und Zeitschrift für die Geschichte des Oberrheins, 4. B. S. 253 ff. — 98'. Statuten für die Geistlichen der Kirche S. Mariae. — 99'. Collectarius. Capitula et Collectae quattuor temporum, S. Crucis, Capitula de Communi Sanctorum. — 104. Capitula et Collectae de tempore, f. 122 de Sanctis, mit S. Andreae beginnend, f. 136 in dedicatione eccles. — 137. Collectae de Communi Sanctorum. — 137'. Lectiones et Responsoria Officii defunctorum. — 140. Litaniae auf die Ferien und Orationen, Preces Primae, Preces minores. — 147. Antiphonen und Responsorien der sonntäglichen Evangelien, darunter f. 154 und 155' Einkünfteverzeichnis, dessen Anfang auf f. 159. — 160. Orationen und Versus. — 160'. Ordo divini officii für Brevier und Messe mit Rubriken, zuerst de tempore, dann de Sanctis. — 194. Sequentia Gaude Syon. — 195. Privilegium durch Siegfried III. von Mainz unter Papst Innocenz IV. 1248. Kopie aus dem 13.—14. Jahrh. — 195. Verzeichnis der Feste nach ihrem Grade. — 196. Statuta Provincialia. — 202. De Interdicto nota. — Neumen; mehrere Schreiber. (Pm. 50 a).

IX. Officia breviarii selecta.

Einzeltheile aus dem Breviarium. (s. n. V.)

1. Officia XI Breviarii. 57 f. m. 19 × 14,5 cm. 1481—2.

> f. 1. ain guot trank dem magen. — 1'. Item ain bewärt dranck für die pöstilencz, 2 Rezepte, jedes von anderer Hand. — 2. In festo Corporis Chr. — 11. In Visitatione B. M. V. — 20. In translatione S. Benedicti. — 24. In festivitate S. Annae. — 30. In translatione S. Spineae Coronae. — 35'. In Conceptione B. M. V. — 39'. In festivitate XI milium virginum. — 44'. In festo b. Petri „Tharentasiensis" Ep. — 48. In festo b. Chuonradi Const. Ep. — 52. De uno martyre, de uno confessore, de virginibus cantica. — 53'. In dedicatione eccles. Officium. (Pm. 8 a.)

2. Officia Sanctorum cum Proprio Argentinensi et ordinis S. Bened. VIII + 238 p. + 1 f. pap. 16 × 9,5 cm. 1673. (E. 385.)

3. Officia Sanctorum cum Proprio Argentinensi et ordinis S. Bened. V + 168 p. + 3 f. pap. 17 × 11 cm. 1675. (E. 382.)

4. Officium Hebdomadae Sanctae secundum **Missale** et Breviarium Romanum ... cum declarationibus a Stringa compositis. Lat. p. Gallum Cartier. I + 172 f. pap. 22 × 18 cm. s. XVIII. (E. 119.)

X. Responsoria.

Einzeltheile aus dem Antiphonarium. (s. n. II.)

1. Proprium Responsoriorum S. Blasianum. 48 p. pap. 22 × 14 cm. 1771.

   p. I. Proprium Responsoriorum Pro Usu Chori San: Blasiani 1771. Titel. — 1. Proprium S. B. de festis Domini. Die Responsorien mehrerer Sonn- und Festtage, Gloria Patri, Benedicamus. — 44. Index — Quadratnoten. — Gemalte Initialen. (B. 69.)

2. Responsoria brevia Sanblasiana. II + 67 p. pap. 28,5 × 20,7 cm. s. XVIII.

   p. I. Responsoria, quae brevia dicimus pro Choro Sanblasiano. Titel. — II. Proprium de tempore. — 19. Proprium Sanctorum. — 41. Commune Sanctorum. — 60. Commune temporis. — 66. Index. — Quadratnoten. (K. 1158.)

XI. Vesperale

enthält die bei den Vesperae gesungenen Theile des Brevieres, ist also das Antiphonarium Vesperarum und ein Auszug aus dem ganzen Antiphonar mit Musiknoten. Es hat dieselbe Einrichtung und Eintheilung wie das Antiphonar. (n. II.)

1. **Vesperale.** 74 f. m. 36,5 × 27 cm. s. XIV—XV.

    f. 1 Vespern der Dominica et Feriae, Psalmen und Antiphonen. — 15. Completorium, von späterer Hand. — 16. Vierzehn Vesperhymnen. — 23. Responsoria brevia et Antiphonae der Vespern für das Commune Sanctorum, f. 29 für das Proprium de tempore, f. 56′ für das Proprium Sanctorum, dabei enthält f. 29 Invitatorium und alle Antiphonen des Dies natalis Dni., f. 50 der Dominica Resurrectionis, f. 39′ Antiphonen und Lamentationen der Coena Domini. — 71. Psalmen der Prim bis Non von derselben Hand wie die Psalmen der Komplet. — Quadratnoten. (Pm. 11.)

2. **Vesperale ad solennes Vesperas.** VI + 67 + XI p. + 4 f. pap. 32,2 × 20,3 cm. 1742.

    p. 56 Appendix continens Processiones. (E. 16.)

3. **Vesperale abbatum S. Blasianum.** 29 + 25 p. pap. 35,5 × 25,3 cm. 1748.

    p. 1a. Vesperale Abbatum monasterij S. Blasij iussu Celsissimi ac Reverendissimi S. R. I. Principis Coelestini Abbatis ad S. Blasium etc. etc. conscriptum a P. Fidele Fauler ibidem Professo. Anno MDCCXXXXVIII. Titel. — 1. Vesperale für die höchsten Festtage. — 11. Commemorationes Dominicarum. — 21. Commemorationes Sanctorum. — 28. Benedictio pontificalis. — 29. In festo S. P. N. Blasii, Nachtrag von anderer Hand. (B. 26.)

4. **Vesperale Franciscanum.** XIV + 326 p. pap. 17 × 10,5 cm. s. XVIII.

    p. I. Kyrie und Gloria in verschiedenen Tönen; Fortsetzung auf p. 272. — 1. Vesperale. Proprium de tempore. — 98. Proprium Sanctorum. — 219. Commune Sanctorum, das noch die Antiphonen zum Benedictus enthält. — 240. In dedicatione eccles. ebenso. — 243. Suffragia Sanctorum, Miserere, Hymni in expositione Venerab. und Nachträge von mehreren Schreibern. Im Proprium de tempore sind Zettel mit Theilen der Matutin und Laudes eingeheftet. — Quadratnoten. — Aus dem Franciskanerkloster in Tauberbischofsheim. (K. 1179.)

XII. Horae.

Mit dem im 15. Jahrhundert aufkommenden Namen Horae, auch bestimmter Horae canonicae, wird eine Sammlung folgenden Inhaltes bezeichnet: Officium (cursus, horae) Beatae Mariae Virginis mit Commemorationes de Sancta Cruce, de Spiritu Sancto, de Sanctis *), Officium defunctorum (Vigiliae mortuorum, Agenda mortuorum; letzterer Titel ist allgemein, weil er auch für die Missa defunctorum und das Rituale sepulturae vorkommt).

Vorangestellt sind: Evangelia secundum Joannem: In principio; secundum Lucam: Missus est angelus Gabriel; secundum Matthaeum: Cum natus esset Jesus; secundum Marcum: Recumbentibus undecim; Passio Domini secundum Joannem. Gewöhnlich beigegeben: Psalmi poenitentiales cum litania, oft auch die graduales.

Den Horae sind oft nicht-liturgische Privatandachten angefügt, z. B. de septem doloribus, de septem gaudiis Beatae Mariae Virginis, orationes devotae ad Beatam Mariam Virginem, de Joanne Nepomuceno, ante et post communionem, Psalterium D. N. J. Chr.: Ps. 21—30 = das Passionspsälterlein.

1. **Horae canonicae. Officium defunctorum.** 8 f. pap. 48 f. m. 16,5 × 11 cm. s. XIV—XV.

    f. 1. Deutsche Ermahnungen und Gebetsmeinungen, lat. Kollekten, 17. Jahrh. — 1. (bis) Oratio und Versus de X milibus Martyrum. — 1'. Officium defunctorum, am Ende Kollekten. — Gemalte Initiale D auf f. 1'. (L. 9.)

2. **Horae canonicae.** 108 f. m. 14,7 × 10,5 cm. c. 1488.

    f. 2. Zeittafel von 1488—1532. — 3'. Kalendertafel mit guldin zal. — 4. Kalender. — 10. Die vier Evangelien vor dem Officium B. M. V. und Passion nach Johannes mit Gebet. — 19. Officium parvum B. M. V. mit Commemoratio S. Crucis et Spiritus S., Missa de B. M. V. — 56. Septem psalmi poenitentiales cum Litania. — 66. Vigiliae mortuorum. — 85. Suffragia de Ss. Trinitate, de Sanctis, lat. und französische Gebete. — Gemalte Initialen und Vollbilder: f. 10. Der hl. Christoph mit dem Jesuskinde auf der Schulter richtet den knienden Markgrafen Christoph von Baden auf, während seine Gemahlin Ottilia von Katzenellenbogen, ein

---

*) Dieses Officium heisst Officium parvum, weil es kürzer als die Fest-Officia B. M. V. ist.

Buch und einen Kelch mit zwei Augen auf der Patene in den Händen haltend, daneben steht; unten die Wappen von Baden und Sponheim und Blumenranken um das Bild. f. 18. Ein kniender Ritter in silberner Rüstung. Auf einer Bank neben ihm die Buchstaben C. Z. H. bei einem Wappenfeld (für Hachberg?); unten das Baden-Sponheimische Wappen mit den Buchstaben T. S. O. E., die sich sehr oft in den Verzierungen, auch zweimal auf einer Seite, wiederholen. (D. 1.)

3. Horae canonicae. 100 f. m. 12,6 × 9,6 cm. s. XV.

f. 1. Evangelium in nativitate Domini, in annuntiatione B. M. V., in ascensione Domini, in Epiphania. — 8. Officium parvum B. M. V., der Anfang des Invitatorialpsalmes fehlt. — 51. Septem psalmi poenitentiales et Litania. — 69. Horae canonicae de passione Domini et de Spiritu S. — 77. Officium defunctorum. — 89. Horae de doloribus B. M. V. et de misericordiis Domini, letztere beiden ‚französisch. — Gemalte Initialen. (A. CCLXVII.)

4. Horae canonicae. 148 f. m. 149—179 pap. 10,5 × 8,3 cm. s. XV.

f. 1. Oratio ad Primam; 16. Jahrh. — 2. Officium parvum B. M. V.; am Ende Preces et Collectae. — 44'. Septem psalmi poenitentiales cum Litania. — 59. Officium defunctorum. — 79'. Ferialprim des Breviarium Benedictinum vel Cisterciense. — 94. Vesperae mit einem Anhang von Gebeten. — 121. Collectae de tempore. — 138. Cursus de Spiritu Sancto sive accessus altaris, Quicunque und andere Anhänge verschiedener Zeiten und Schreiber. — Gemalte Initialen und Vollbilder: f. 1'. Mariae Verkündigung. f. 45. David. f. 58'. Christus in der Unterwelt. f. 79. Christi Geburt. f. 116'. Christus gegeisselt und mit Dornen gekrönt. f. 119. Anbetung der h. drei Könige. (Geo. 26.)

5. Horae canonicae. 205 f. m. 206—208 pap. 15,4 × 11 cm. s. XV.

f. 2. Kalender, französisch. — 14. Vier Evangelien, mit sec. Joannem beginnend, und zwei Orationes de B, M. V. — 30. Officium parvum mit Commemoratio S. Crucis et Spiritus S. — 113. Septem psalmi poenitentiales cum Litania. — 135'. Officium defunctorum. — 196. Anhang von Gebeten. — Gemalte Initialen und Vollbilder: f. 30. Mariae Verkündigung. f. 45'. Mariae Heimsuchung. f. 60'. Christus am Kreuze. f. 62'. Inspiration der Apostel. f. 64. Christi Geburt. f. 73'. Die Hirten auf dem Felde und die Reise der Magier. f. 81. Anbetung der h. drei Könige. f. 88. Darstellung Jesu im Tempel. f. 104. Krönung Mariae. f. 113. David. f. 136. Todtenbestattung. (Geo. 27.)

6. **Horae canonicae.** 128 f. m. 15,9 × 11 cm. s. XV.

f. 1. Fortsetzung der auf dem innern Vorderdeckel begonnenen: ad Primam psalmi, Theile der kleinen Horen für das Officium parvum B. M. V. — 4. Kalender, französisch. — 16. Die vier Evangelien, dann der übrige Inhalt wie n. 5, nur stehen die Officia S. Crucis et Spiritus S. voran, die Gebete de B. M. V. nach ihrem Officium. Viele lat. und deutschen Nachträge des 16. und 17. Jahrh. — Gemalte Initialen und Vollbilder: f. 16., 18., 20., 22. Die vier Evangelisten. f. 23'. Das Abendmahl. f. 24. Sendung des h. Geistes. f. 28'. Christus am Kreuze. f. 32. Verkündigung Mariae. f. 41'. Mariae Heimsuchung. f. 51. Christi Geburt. f. 59. Die Hirten auf dem Felde. f. 59'. Die Beschneidung. f. 62'. Anbetung der h. drei Könige. f. 65'. Darstellung Jesu im Tempel. f. 71. Flucht nach Ägypten. f. 76. Messopfer. f. 84. Christus als Weltrichter. f. 99. Todtenfeier. (Geo. 28.)

7. **Horae canonicae.** 126 f. m. 11 × 8 cm. s. XV.

f. 1. Kalender. — 16. Horae S. Crucis, dann der übrige Inhalt wie n. 6, nur vermehrt durch Missa B. M. V., an deren Ende die vier Evangelien stehen. Nachträge von Gebeten, Psalmen und Ritualrubriken von mehreren Schreibern. — Gemalte Initialen und Vollbilder: f. 15'. Christus am Kreuze. f. 23'. Maria mit dem Kinde, davor eine kniende Figur. f. 35'. Mariae Verkündigung. f. 78'. David. f. 94'. Todtenfeier. (Geo. 29.)

8. **Horae canonicae monialium. Officia defunctorum.** 47 f. m. 28 × 14 cm. s. XV.

f. 2. Vesperae pro defunctis. — 5. Incipit vigilia pro fidelibus defunctis. — 16. Ad Laudes. — 21. Orationes. — 22. Lectiones minores; andere neun Lektionen für die Matutin, vom Brev. Romanum verschieden: Prov. 5, Eccl. 7, Eccl. 12, Isai. 26, Osia 13, Dan. 12, 1. Cor. 15, 1. Cor. 15, 1. Thess. 5. — 24. Orationes. — 28. Nach cristi gebort 1435 geschrieben von dem Mönche Heinrich Wimme auf S. Petersberg zu Erfurt für das Kloster St. Martin im Brul und dessen Äbtissin Katharina Freinar. — Responsorium de passione Domini et Antiphona de resurrectione. — 29. Zweites Officium defunctorum von anderer Hand und mit gothischen Choralnoten; am Ende Orationes. (Pm. 18 a.)

9. **Horae canonicae.** 170 f. m. 11,4 × 8,4 cm. s. XV.

f. 1. Kalender. — 13. Initium Evangelii sec. Joannem; der Anfang fehlt. — 19. Officium parvum B. M. V. und Commemoratio S. Crucis et Spiritus S.; ohne Anfang. — 90. Officium B. M. V. de Adventu. — 109'. Suffragia Sanctorum, mit S. Christophorus beginnend. — 103. Septem psalmi poenitentiales cum Litania, ohne Anfang. — 129'. Officium defunctorum, das f. 169' abbricht. — Sehr lückenhaft. — Gemalte Initialen. (Th. 5.)

10. Horae canonicae. 316 f. m. 6,3 × 4,8 cm. s. XV.

f. 1. Kalender, französisch. — 14. Officium parvum B. M. V. — 146. Septem psalmi poenitentiales cum Litania. — 191. Officium defunctorum. — Gemalte Initialen. (Th. 6.)

11. Horae et liber precum. XII + 228 f. pap. 11 × 9 cm. s. XV.—XVI.

f. I. Kalender, am Ende Tabula intervalli. — 2. Lat. Gebetbuch, der Anfang fehlt. — 98. Horae de beata Virgine, Officium parvum B. M. V. und septem psalmi poenitentiales cum Litania. — 156. Lat. Gebetbuch mit deutschem Gebete auf f. 224'. (x. 22.)

12. Horae et liber precum. 248 f. pap. et m. mixt. 15,2 × 10.5 cm. s. XVI.

f. 1. Cursus de domina nostra, Officium parvum B. M. V. und Gebete. — 49'. Cursus de passione Chr. und Gebete. — 97. Septem psalmi poenitentiales cum Litania und Gebete. — 123. Accessus et recessus. — 155. Vigiliae mortuorum. — 186. Notabiles orationes, Sammlung von Gebeten. — 235. Benedictiones. — 241. Ablassgebete und andere. (Schw. 5.)

13. Officium parvum B. Mariae Virginis cum expositione. 118 p. pap. 21 × 17 cm. s. XVIII. (E. 311.)

14. Horae canonicae monialium Benedictinarum. 209 f. m. 8 f. pap. 14 × 9,4 cm. s. XV.

f. 1. Commemoratio Passionis Domini per horas. — 3. Kalender, mit Mai beginnend. — 7. Kalendertafel. — 7'. Antiphonae de B. M. V. — 8. Officium parvum B. M. V. — 53. Septem psalmi poenitentiales cum Litania. — 75. Officium B. M. V. in Adventu et Antiphonae. — 81. Psalterium D. N. J. Chr. = Ps. 21—30. — 89. Officium defunctorum. — 119. Ferialofficien, am guotemtag = feria II. beginnend, Orationes, Antiphonae dominicales. — 152. Officium B. M. V. — 163. Capitula de dominica et de Communi Sanctorum. — 171. Vollständiges Officium de Communi Sanctorum, Officia de visitatione, de nativitate B. M. V., de Corpore Chr., durcheinander gebunden. — 211' bricht ab. Mehrere Schreiber. — Gemalte Initialen. (Geo 24.)

15. Horae canonicae monialium Cisterciensium. 80 f. m. 18,2 × 13,2 cm. 1418.

f. 1. Officium parvum B. M. V. — 28. Quindecim Gradus. — 33. Septem psalmi poenitentiales mit Antiphonen und Litanei. — 42. Officium defunctorum. — 66. Commemoratio passionis Domini per singulas horas. — 69. Ordinarium de tempore für Prim und

Komplet mit Symbolum Athanasii am Ende. — 79'. Commemorationes S. Martini, S. Benedicti, S. Bernardi, von anderer Hand. — 81' bricht ab. — Gothische Choralnoten. — Gemalte Initialen. (Pm. 66.)

16. **Horae canonicae monialium Cisterciensium. 202 f. m. 72—75 pap. 11 × 8 cm. s. XV.**
f. 1. Collectae de S. Martino, S. Benedicto, S. Bernardo, pro defuncto abbate. — 3. Kalender. — 9. Ferialprim. — 22. Officium parvum B. M. V. mit Commemorationes. — 66. Commemoratio S. Crucis per singulas horas. — 67. Fortsetzung der Ferialprim. — 76. Pater, Ave, Credo, Benedictio mensae. — 95. Commemoratio S. Crucis per horas. — 101. Collectae et Capitula der kleinen Horen, Pretiosa Primae, Veniae, Completorium, Symbolum Athanasii. — 121. Officium defunctorum. — 188. Vesperae, von mehreren Psalmen nur die Anfänge; Vesperae Sabbati brechen f. 206' im ersten Psalme ab. — Gemalte Initiale D auf f. 121. (Pm. 28 a.)

17. **Horae canonicae monialium Cisterciensium. 267 f. m. 17,5 × 11,6 cm. s. XV.**
f. 1. Officium parvum B. M. V., der Anfang des Venite exultemus fehlt. — 65. Prim bis Non cum ordinario de tempore. — 107. Septem psalmi poenitentiales mit Antiphonen, Litanei und Commemoratio S. Bernardi. — 141. Invitatorien, Antiphonen und andere Theile des Officiums für Sonn- und Wochentage. — 152. Oratio bona ante communionem. — 158. Benedictio mensae. — 163. Vespern und Komplet. — 205. Officium defunctorum. — 253. Hystoria de sancta Anna, vollständiges Officium, das aber in der zweiten Vesper f. 267' abbricht. — Gemalte Initialen. (Pm. 77.)

18. **Horae breviarii Cisterciensis in usum monialium. 254 f. m. 11 × 8 cm. s. XVI.**
f. 1. Horae b. virginis, Officium parvum B. M. V., unterbrochen f. 11—23 durch Collectae de Sanctis et de tempore von anderer Hand und mit Buchstaben bezeichnet. — 86. Prima in diebus dominicis. — 96. Vesperae dominicales et feriales, Completorium. — 143. Psalmen der Ferialprim, Antiphonen der Terz bis Non und Te Deum. — 171. Septem psalmi poenitentiales cum Litania. — 191. Vigiliae mortuorum mit Quadratnoten. — 241. Tres veniae. — 244. Hymni de ordinario et de tempore. — 254' bricht ab in der 1. Strophe des Pange lingua gloriosi corporis. — Gemalte Initialen. (Pm. 107.)

19. **Horae canonicae monialium Dominicanarum. 93 f. m. 11,5 × 8 cm. s. XIV.**
f. 1. Officium parvum B. M. V. — 31. Officium Ss. Trinitatis mit allen Horen. — 75. Vesperae dominicales et feriales, oft nur die Anfangsworte der Psalmen; am Ende Orationes per annum. (Pm. 99.)

20. **Horae canonicae monialium Dominicanarum.** 92 f. m. 12 × 9 cm. 1482.

f. 2. Septem psalmi poenitentiales cum Litania. — 17'. Officium defunctorum; 44. Oratio vir vil man, Nachtrag aus dem 16. Jahrh. — 44'. Psalterium D. N. J. Chr. — 52. Prim bis Komplet, oft nur die Anfänge der Verstheile bei den Psalmen. — 89. Oratio b. Ambrosii ante et post missam. — Gemalte Initialen. (Pm. 118.)

21. **Horae canonicae monialium Dominicanarum.** 197 f. m. 11 × 7,5 cm. s. XV.

f. 1. Commemorationes, Benedictiones lectionum, Antiphonae, Hymnus Veni Creator. — 9'. Cursus de B. M. V. = Officium parvum. — 36. Modus legendi psalm. graduales; de B. M. V. in Adventu. — 39. Pater, Ave, Credo, Prim bis Komplet. — 85. Antiphonae et Orationes de tempore. — 103. Officium defunctorum. — 128. Septem psalmi poenitentiales cum Litania, Litania pro defunctis, Ps. 21 bis 24. — 151. Officium S. Dominici. — 155. Commune Sanctorum für Vespern, Laudes und die übrigen Horen, Orationes de Sanctis per annum. — 178. Eine Anzahl Psalmen. — 191. Sequentia „Ave praeclara" de B. M. V. et Oratio, Antiphonae, Orationes von anderer Hand. (Pm. 100.)

22. **Horae canonicae monialium Dominicanarum.** 113 f. m. 9,8 × 7 cm. s. XV.

f. 1. Cursus de aeterna Sapientia mit Salutatio mane ad Jesum. — 16'. Septem horae de passione Dni. mit Ablassgebet für die 7 Horen. — 21. Septem psalmi poenitentiales cum Litania. — 41. Officium defunctorum. — 78'. Antiphonae et Orationes dominicales post Pentecosten. — 101. Gebete. — 109'. De passione Dni. et de B. M. V. Orationes. — 110. Theile der Ps. 90 und 133 in der Komplet. — 111. Antiphonae, Versiculi, Orationes, von verschiedenen Händen. — 111'. Doctrina praedicatorum debet esse.... 112. Einträge über Erdbeben zu Nördlingen (?) und Konstantinopel. — 113. De mutatione. Bis f. 109 S. Agnes Huberin scripsit. — Gemalte Initialen. (Pm. 101.)

23. **Horae canonicae monialium Dominicanarum.** 287 f. m. 13 × 10 cm. s. XV.

f. 1. Commemorationes, Benedictiones lectionum, Antiphonae. — 10'. Officium parvum B. M. V. — 28. Antiphonen und Anfänge der 15 gradus, Commemorationes, Officium B. M. V. — 31'. Pater, Ave, Credo, Prim bis Komplet. — 90'. Antiphonae et Orationes dominicales von Epiphanie bis Advent, Officium defunctorum. — 149. Septem psalmi poenitentiales mit Litanei und Litanei für die Verstorbenen und eine Anzahl Psalmen. — 182. Officium S. Dominici et S. Catharinae. — 190. Diurnum ohne Theile der Matutin: Commune Sanctorum, f. 210 Proprium de tempore, f. 233 in dedicatione eccles., f. 236 Proprium Sanctorum. —

277'. Officium de passione Domini. — **284.** Antiphonae maiores. — **285'.** Versiculi et Intonationes, letztere von späterer Hand; Antiphonen, Intonationen, Psalmtöne, deutsche Gebetsmeinungen auf den Rändern. — Quadratnoten. — Gemalte Initiale R auf f. 1. (Pm. 106.)

24. Horae canonicae, Liber precum et meditationum, ex parte german., Rituale Franciscanum. 175 f. pap. 1. et 2. m. 11 × 8 cm. s. XV.

f. 2'. Vigiliae mortuorum. — 35. Verzeichnis der 15 gradus und Orationen. — 39. Septem psalmi poenitentiales cum Litania. — 54'. Ordo ad benedicendam mensam per totum annum. — 64. Incipit dulcis contemplatio. Gebet- und Betrachtungsbuch, am Ende deutsch, von anderer Hand. — 156. Ordo minorum fratrum communicandi, ungendi infirmum, commendatio animae. Am Ende: Vater unser, Gegrüsst seist du, Ich glaube. — 177' bricht ab. (Geo. 57.)

XIII. Sacramentarium

ist die älteste Form des Missales und enthält die von dem Priester gesprochenen Gebete (Collectae, Secretae, Postcommuniones oder Complendae, Theile des Ordo Missae, den Kanon und die mit der h. Messe in Verbindung stehenden Benedictiones). Die Eintheilung ist in ihren Grundzügen diejenige des Missales (n. XIX), aber dem Proprium de tempore sind gewöhnlich die einfallenden Festa Sanctorum einverleibt. Beigegeben sind Ritualien für andere Sakramente, wie Ordo baptizandi, confirmandi.

1. Sacramentarium. 210 p. pap. 31,8 × 20 cm. s. XVIII.

Abschrift des Codex Rhenaugiensis 30, jetzt in Zürich, abgedruckt in Gerbert, Monumenta Liturgiae Alemannicae, P. I p. 1 sq., beschrieben von Delisle, Sacramentaires n. IX. (Mémoires de l'Institut national de France, Acad. des inscr. XXXII p. 83). (B. 28.)

2. Missae graecae cum versione latina. 126 f. m. 20,5 × 15,3 cm. 2 col. s. XII—XIII.

Eine nicht für liturgischen Gebrauch, sondern für gelehrte Zwecke veranstaltete Sammlung. Mone, Lateinische und griechische Messen S. 138—147. (E. 6.)

3. **Sacramentariorum fragmenta.** s. VII—IX.

Mone, Lateinische und griechische Messen, S. 10—39. 115—137. Delisle, Sacramentaires n. VIII. (Mémoires de l'Institut national de France, Acad. des inscr. XXXII p. 81). Bruchstücke aus Palimpsesten und losgelöste Blätter aus Einbänden der Reichenauer Klosterbibliothek.

XIV. Epistolarium

enthält die Theile des Lectionarium Missae (n. XVI), welche im allgemeinen ›Episteln‹ heissen und vom Subdiakon gesungen werden. Daher nannte man im Mittelalter den Subdiakon ›Epistler‹, im Gegensatze zum Diakon, dem ›Evangelier‹.

1. **Epistolarium.** 78 f. m. 35,2 × 24,4 cm. 2 col. s. XIII.

f. 1. Proprium de tempore totius anni von Weihnachten bis Advent mit den einfallenden Festen der Heiligen. — 64. Commune Sanctorum. — 74. Lectiones für Missae votivae et diversae und Nachträge. — 78. Sequentia de S. Magdalena. — Gemalte Initialen. — Die Handschrift ist auf f. 1 als Plenarium und im Klosterkataloge von Reichenau als Lectionale bezeichnet, worüber Brambach, Psalterium S. 34. (A. LIV.)

2. **Epistolarium.** 167 f. m. 27 × 19,2 cm. s. XIV.

f. 1. Proprium de tempore totius anni mit Vigilia Nativitatis Domini beginnend. — 124. Lücke. — 125. Proprium Sanctorum totius anni, mit S. Vincentii beginnend. — 146. Commune Sanctorum. — 163. In dedicatione eccles. et Missae votivae et diversae. — 153' und 167. Sequentiae de B. M. V. — 168. Sequentia, Offertorium, Communio de B. M. V. — Gemalte Initialen. (A. CLI.)

XV. Evangeliarium,

auch Evangelistarium genannt, enthält die in feierlichen Messen vom Diakon gesungenen Evangelien (s. Epistolarium n. XIV und Lectionarium Missae n. XVI).

1. **Evangelia IIII**, usui lectionum accommodata. 190 f. m· 25,8 × 19,3. s. IX.
   Gemalte Initialen. (A. CCVII.)

2. **Evangeliarium.** 14 f. m. 32,4 × 27,4—8 cm. s. XII.
   f. 2. In nativitate Dni. — 3. In Epiphania. — 4. In purificatione. — 5. In annuntiatione S. Mariae. — 6. In die Paschae. — 7. In ascensione Dni. — 8. In Pentecoste. — 9. In f. Ss. Petri et Pauli. — 10. In assumptione S. Mariae. — 11. In nativitate S. Mariae. — 12. In dedicatione eccles. — 13. In festivitate omnium Sanctorum. — 13'. Collecta in sancta nocte nat. Dni.: Deus, qui hanc sacratissimam noctem ... et in Epiphania Dni.: Deus, qui hodierna die ... — Gemalte Initialen. (Pm. 7.)

3. **Evangeliarium.** 199 f. m. 29,2 × 21,3 cm. s. *XIII*.
   f. 1. Evangelia totius anni. Proprium de tempore von Vigilia Nativitatis Dni. bis Dom. IV. Adventus. — 146. Proprium Sanctorum. — 171. Commune Sanctorum. — 187. In dedicatione eccles., in Missis votivis et diversis. — 197'. In Missa de Corpore Chr. — 198'. Responsorium et Versus zum Officium Breviarii S. Joannis Baptistae, mit Neumen. — 196'. am Rande: Lectio libri Sapientiae zur Missa de Spinea Corona. — Gemalte Initialen. (A. CXIIII.)

4. **Evangeliarium ecclesiae Bruchsal.** 77 f. m. 33,5 × 25,5 cm. s. XIII.
   f. 4. Evangelien für die höchsten Feste, für einige Vigilien und Sonntage, mit Vigilia Dni. beginnend. — 50. Evangelien für hohe Festa Sanctorum, ihre Vigilien und die Dedicatio eccles. — 75. Evangelien für das Commune Sanctorum. Nach der Vigil von Weihnachten und nach Mariae Verkündigung auf die Festzeiten sich beziehende leoninische Hexameter. — Gemalte Initialen und Vollbilder: f. 1'. Der lehrende Christus auf dem Throne mit einem Buche. — 2. St. Johannes Ev. — 2'. St. Marcus. — 3. St. Lucas. — 3'. St. Matthaeus. — 5. Mariae Verkündigung. — 5'. Christi Geburt. — 11. Anbetung der h. drei Könige (oben), die drei Könige auf dem Wege nach Bethlehem (unten). — 13. Der Engel und die drei Könige im Schlafe (oben), die drei Könige auf der Heim-

kehr in einem Schiffe (unten). — 13'. Bildliche Darstellung der Worte des Propheten Ezechiel: Porta haec clausa erit. — 17. Auferweckung des Lazarus (oben), Einzug Jesu in Jerusalem (unten). — 28. Das letzte Abendmahl (oben), die Fusswaschung (unten). — 31. Christus am Kreuze mit Maria und Johannes. — 31'. Die drei Frauen am Grabe. — 42. Christi Himmelfahrt. — 45. Die Sendung des hl. Geistes. Der Vorderdeckel reich verziert: in einer Vertiefung die Figur des lehrenden Heilandes auf einem Throne in vergoldetem Silber, der Rand mit kostbaren Steinen und figurierten Silberplättchen geschmückt. Über die künstlerische Ausstattung des Buches: Woltmann, Geschichte der Malerei I S. 275, 277 (unser Titelbild). Lübke, Geschichte der Deutschen Kunst S. 295 f. (Br. 1.)

5. **Evangeliarium de Sanctis ecclesiae Bruchsal.** 132 f. m. 19 × 13,7 cm. s. XIII.

f. 1'. Evangelium vom Einzuge Jesu in Jerusalem nach Luc. und Marc. — 4. Evangelien vom Proprium Sanctorum, von Weihnachten, Circumcisio und Epiphania. — 106. Evangelien in dedicatione, in ordinatione Presbyterorum, pro defunctis, für Heiligenfeste, von anderer Hand. — 113'. Evangelien für Ostern, Himmelfahrt, Pfingsten, in praesentatione B. M. V., in consecratione altaris, in octava ascensionis, wieder von anderer Hand. — 121. Nachträge zum Register. — 121'. Register mit Nachträgen auf f. 131'. — In den äussern Vorderdeckel ist ein Hautrelief von Elfenbein, Christus am Kreuze mit Maria und Johannes, in Silberfassung eingelassen. (Br. 2.)

XVI. Lectionarium Missae

enthält die in der feierlichen Messe vom Diakon und Subdiakon gesungenen Theile der h. Schrift. Der Subdiakon trägt die sogenannte Epistel, das heisst die Lektion aus der h. Schrift, ausgenommen die 4 Evangelien, vor, immer eingeleitet durch: Lectio, z. B. Lectio libri Sapientiae, Lectio Isaiae prophetae, Lectio epistolae beati Pauli apostoli. Der Diakon singt das Evangelium, eingeleitet durch: Sequentia oder Initium Sancti Evangelii secundum Matthaeum, Marcum, Lucam, Johannem. (s. n. XIV, XV.)

Das Lectionarium Missae ist entweder totius anni oder speciale, z. B. für hohe Feiertage.

1. Lectionarium Missae. 96 f. m. 16,5 × 12 cm. s. XI.

f. 1. Lectionarium, Episteln und Evangelien für die Festa de tempore totius anni, mit der Passio D. N. J. Chr. sec. Matth., deren Anfang fehlt, beginnend; unter den Festa de tempore die einfallenden Festa Sanctorum totius anni, zuletzt die Lectiones in adventu. — 74. Commune Sanctorum mit Vigilia apostolorum beginnend. — 84. Lectiones für Missae diversae et votivae, am Anfange: in ordinatione diaconorum. — 92'. Lectiones (Breviarii) in ¦vigilia defunctorum. — 95. Capitulare evangeliorum in Sanctorum nataliciis = Directorium. — 96'. Lectio libri sapientiae in Missa B. M. V. (Schw. 1.)

2. Lectionarium Missae. 191 f. m. 33 × 22 cm. s. XV.

.f. 1. Lectionarium, Episteln und Evangelien, totius anni. Proprium de tempore mit Vigilia Nativitatis beginnend und mit Lektionen für Mittwoch und Samstag des ganzen Jahres. — 152. Proprium Sanctorum. — 169'. Commune Sanctorum. — 185'. In dedicatione eccles. et altaris, in Missis votivis et diversis. — 191'. Exultet iam angelica, am Charsamstage. — Neumen zum Exultet, zu den Passionen und zum Evangelium Liber generationis. — Gemalte Initialen. (Pm. 43.)

XVII. Graduale

enthält die vom Chor vorgetragenen Theile des Missales, welche bei feierlichem Gottesdienste gesungen werden, mit Musiknoten. Diese sind: Introitus, Graduale, Tractus, Offertorium, Communio.

. Vielfach ist beigegeben: Ordinarium Missae d. h. Kyrie, Gloria, Credo, Sanctus, Benedictus, Agnus Dei, in verschiedenen Tönen = Circulus per annum, Ite missa est und Benedicamus, ebenfalls in verschiedenen Tönen, Sequenzen. Zuweilen wird auch der Kalender vorausgeschickt.

Der **Introitus** ist ein Überbleibsel des Psalmgesanges, der in den ältesten Zeiten die Feier der Eucharistie einleitete. Er besteht aus einer Antiphon, welche bisweilen noch als solche bezeichnet ist, einem Psalmvers, dem Gloria Patri und der wiederholten Antiphon. Statt Introitus findet sich in vielen alten Missalien das Wort Officium am Anfange des Messformulars, welches aus dem altgallikanischen Ritus herstammen und dort den Theil der h. Messe vom Introitus bis zur Lectio bezeichnet haben soll, doch diente Officium auch zur Bezeichnung des ganzen Messformulars.

Das **Graduale** rührt von dem Psalmgesange her, welcher einstens zwischen der Lectio und dem Evangelium stattfand, und hat jetzt eine dem Responsorium in den Nokturnen des Brevieres entsprechende Form, wie es auch im Antiphonar des h. Gregor selbst Responsorium hiess. Am Anfange steht das sogenannte Responsorium, darauf ein weiterer Psalmvers, der Versus. Gewöhnlich erscheint das Graduale nicht allein, sondern in Verbindung mit dem **Versus alleluiaticus** oder mit dem **Tractus**. Der erstere besteht aus zwei Alleluia, einem Psalmvers, mit ℣ bezeichnet, und einem Alleluia; der Tractus aus einer grösseren Anzahl von Psalmversen, einige Male aus einem ganzen Psalme, die sich an das Graduale anschliessen. In der Osterzeit tritt an die Stelle des Graduales das **grosse Alleluia**: zwei Alleluia als Antiphon und zwei Psalmverse, mit ℣ bezeichnet, die beide mit einem Alleluia geschlossen werden. Anstatt der Psalmverse erscheinen im Graduale und Alleluia auch andere, biblische und nichtbiblische Texte.

Die Fortsetzung des Zwischengesanges, der Lektion und Evangelium verband, ist die **Sequentia**. (s. n. XVIII.)

Offertorium und **Communio** sind beide, meistens den Psalmen oder anderen Theilen der h. Schrift entnommene Antiphonen und erinnern an den längeren Psalmgesang, der früher den Opfergang und die Kommunion der Gläubigen begleitete.

1. Graduale. 109 f. m. 39,8 × 29,8. s. XIII ex.

f. 2'. Antiphonae ad tertiam per circulum anni. Nachtrag, der f. 6' abbricht. — 7. Graduale totius anni. Proprium de tempore mit Dom. I. Adventus beginnend. — 70. Commune Sanctorum. — 105. In dedicatione eccles. et altaris, Missae votivae et diversae. — 106'. Directorium. — 107. Missa defunctorum, Asperges, Vidi aquam, Ordinarium Missae. — 109' bricht ab. Lückenhaft. — Quadratnoten. — Gemalte Initialen. (Th. 1.)

2. Graduale. 211 f. m. 28,8 × 20,5 cm. s. XIV—XV.

f. 1. Graduale de festo B. M. V. de Carmelo et de nomine B. M. V., von anderen Schreibern. — 1'. Tabula Bedae. — 2. Kalender. — 5. Breviatura de sanctis = Directorium für Heiligenfeste und einige Votivmessen. Von anderer Hand: Sequentia de S. Monica et de B. M. V. — 7'. Graduale totius anni. Proprium de tempore, mit Dom. I. Adventus beginnend, auch Sequenzen enthaltend. — 100. Proprium Sanctorum. — 129. Commune Sanctorum, Missa defunctorum, votivae et diversae. Oft im Texte Bezeichnungen der Orationen und Lektionen. — 137. Ordinarium Missae. — 147. Sequentiae de tempore et de Sanctis, auf f. 208 durch das Credo unterbrochen. — Gothische Choralnoten. (Pm. 16.)

3. Graduale. 206 f. m. 29 × 20 cm. s. XV.

f. 1. Graduale totius anni. Proprium de tempore mit Dom. I. in adventu beginnend. — 116'. Commune Sanctorum. — 134. Proprium Sanctorum. — 152'. In dedicatione eccles. et pro fidelibus defunctis.

— 154'. Prosae per annum, Cunctipotens genitor am Anfange, Kyrie et Gloria. — Quadratnoten. — Gemalte Initialen. (B. 102.)

4. Graduale. 223 f. m. 29,5 × 21,5 cm. s. XV.

f. 1. Kalender. — 7. Breviatura de sanctis per annum = Directorium. — 8'. Gloria an Apostelfesten, Anfang fehlt, von späterer Hand. — 9. Graduale totius anni. Proprium de tempore mit Adventus Domini beginnend. — 99. Proprium Sanctorum. — 133. Commune Sanctorum. — 142. Ordinarium Missae, mit In resurrectione beginnend. — 149. Sequentiae, In nativitate Domini am Anfange, de tempore et de Sanctis ungeschieden, dann de Communi Sanctorum, de B. M. V., in rogationibus. — 218. Pro defunctis, Requiem. — 220. Sequentia Ave praeclara Catharina. — 222. Ordinarium Missae, Sequentia de B. M. V., Asperges, Miserere, Gloria Patri. — Gothische Choralnoten. — Gemalte Initialen. (Pm. 15.)

5. Graduale. 124 f. m. 56,5 × 38,5 cm. s. XV.

f. 17. (1—16 fehlen.) Graduale. Proprium de tempore, mit dem Freitage der Osteroktav beginnend. Advent auf f. 110'. — — 120. Ordinarium Missae für mehrere Festzeiten. — 132. Sequenzen, mit Laudes saluatori beginnend. — 141' bricht ab. Eingelegt 2 Blätter des Proprium Sanctorum mit Conversionis S. Pauli, von derselben Hand. — Gothische Choralnoten. — Gemalte Initialen. (S. 1.)

6. Graduale. XXXVI + 140 + (10) + 153 p. pap. 36,3 × 22,5 cm. 1770|1.

p. I. Graduale totius anni. Pars Prima. Commune et Proprium Sanctorum. 1770. Titel. — III. Repertorium Missarum, in 2 col. — XXXV. Omnipotens sempiterne Deus . . Gebet. — 1. Commune Sanctorum. — 29. In dedicatione eccles. — 31. Missae votivae. — 53. Commune per annum. — 81. Proprium Missarum de Sanctis. — (1.) Pars secunda. Proprium Missarum de Tempore. 1771. Titel. — (3.) Index Missarum, in 2 col. — 1 (bis). Proprium Missarum de tempore. — 152. Ad Aspersionem aquae benedictae. — Choralnoten. (B. 24.)

7. Graduale. XXXIII + 402 + 240 p. pap. 43 × 31 cm. s. XVIII.

p. I. Verzeichnis für das Commune Apostolorum. — II. Directorium sive ordo Officii Divini aut Missarum cantandarum. — XXII. Kalender. — 1. Graduale totius anni. Proprium de tempore mit Dominica I. Adventus beginnend. — 341. Proprium Sanctorum. — 1 (bis). Commune Sanctorum. — 95. In dedicatione eccles., Missae votivae et diversae. — 125. Ordinarium Missae mit Nachträgen. — 233. Introitus de tempore. Ordine alphabetico. Verzeichnis für alle Theile, geschrieben von Joannes Erhardus Maillot, Canonicus Monasterij Grandis vallis. — Quadratnoten. — Abschrift eines Graduale monasterii Grandisvallis. (E. 10.)

8. **Graduale.** 230 p. pap. 32 × 23 cm. s. XVIII.
p. 1. Commune Sanctorum et in dedicatione eccles. — 52. Missae votivae. — 67. Ordinarium Missae mit Sequenzen. — 160. Graduale für einige Feste. — 194. Missa pro fidelibus defunctis. — Quadratnoten. (B. 95.)

9. **Graduale monialium Augustinianarum.** 190 f. m. 29,5 × 22 cm. s. XV.
f. 1. De S. Benedicto Sequentia. — 3. Kalender. — 6'. Breviatura de festis = Directorium. — 7'. Credo. — 8. Professio Sororis wunaborgis secundum regulam S. Augustini coram Theoderico, patre ecclesiae S. Mariae. Darunter Fortsetzung des Nicaenum. — 9. Graduale totius anni. Proprium de tempore, mit Dom. I. Adventus beginnend. — 94'. Proprium Sanctorum, de dedicatione eccles., de B. M. V., Commune Sanctorum. — 125. Kyrie et Gloria. — 130. In rogationibus et pro defunctis. — 133. Sequentiae, In primo gallicantu am Anfange. — Gothische Choralnoten. — Gemalte Initialen. Vollbild auf f. 9: Mariae Verkündigung, die 4 Evangelisten mit den symbolischen Köpfen, unter ihnen die Mühle der hl. Eucharistie, darunter die 4 lat Kirchenlehrer, die den Kelch mit einem Brustbilde Christi tragen, auf den Seiten die 12 Apostel, alle Figuren mit Spruchbändern. Aus dem Kloster Novi Operis (S. Crucis) zu Erfurt. (Pm. 44.)

10. **Graduale Benedictinum.** 273 + 160 f. pap. 41,3 × 27 cm. s. XVI.
f. 1. Graduale totius anni. Proprium de tempore, mit Dominica I. aduentus beginnend. — 212. In dedicatione templi. — 215. Missae votivae. — 235. Ordinarium Missae. — 248. Sequenzen. — 272. Toni psalmorum ad Introitum. — 1 (bis). Commune Sanctorum. — 61. Proprium Sanctorum. — 105. Ordinarium Missae et Toni, wiederholt. — 120. Sequenzen. — Gothische Choralnoten. (Schw. 13.)

11. **Graduale Benedictinum.** 408 f. pap. 48,7 × 34 cm. s. XVI|XVII.
f. 1. Graduale. Proprium de tempore totius anni, mit Dom. I. Adventus beginnend. — Gothische Choralnoten. — Gemalte Initialen. Cum socia parte de Sanctis 1605 vom Kloster Gengenbach an das zu Ettenheimmünster geliehen und später wie viele anderen Bücher von ersterem an letzteres verkauft. (E. 9.)

12. **Graduale Cisterciense.** a—c + 156 f. m. a — b pap. 37,7 × 28 cm. s. XIV—XV.
f. b'. Kyrie, auf einem aufgenähten Blatte aus dem 16. Jahrh. — c. Gloria. — c'. In nat. XI milium virginum. Graduale. — 1. Graduale totius anni. Proprium de tempore, mit Dom. I. Adventus

beginnend. — 100. Proprium Sanctorum. — 132. In dedicatione eccles. et pro defunctis, Hymnen, Antiphonen für die kleinen Horen, Ordinarium Missae, Litania. — 145. Nachträge von anderen Schreibern: Ordinarium Missae, Sequenzen und Hymnen. — Quadratnoten. — Gemalte Initialen. (W. 1.)

13. **Graduale Cisterciense.** 258 f. m. 46,4 × 36 cm. s. XV.

f. 1. Toni psalmorum, 17. Jahrh. — 2. Antiphonen, ohne Anfang. — 3. Graduale totius anni. Proprium de tempore mit einigen Festa Sanctorum, Dom. prima adventus am Anfange. — 140'. Proprium Sanctorum. — 207. In dedicatione eccles., Missae votivae et diversae. — 213. Ordinarium missae per circulum anni et litania. — 232'. Sequentiae per annum et de Communi Sanctorum. — 257'. Nachträge aus verschiedenen Zeiten. — Quadratnoten. — Gemalte Initialen, Wappen und Federzeichnungen. (x. 1.)

14. **Graduale et Antiphonarium speciale confraternitatis ecclesiae in Totmoz (Todtmoos).** 26 f. m. 40,5 × 28,6 cm. s. XV. XVI.

f. 1. Graduale ad Missam pro defunctis, Sanctus, Benedictus Agnus Dei de B. M. V., Dies irae, letzteres von späterer Hand. — 7. Statuta confraternitatis in Totmoz, Constantiens. Dioeces. — 9. Officium de Assumptione B. M. V. bis zu den Laudes mit den Psalmen. — Gothische Choralnoten. (x. 3.)

15. **Missae, Hymni, Antiphonae, Lamentationes, Responsoria pluribus vocibus concinenda.** s. XVIII. (B. 55.)

XVIII. Sequentiarium

enthält die bei der h. Messe nach dem Graduale gesungenen Lieder: Sequentiae = Prosae = Rhythmi = Tropi, meistens mit Musiknoten. Die Sequentiae hatten ursprünglich, ausser ›Alleluia‹, keine eigenen Texteswörte, sondern waren vorwiegend melismatische Jubelmelodien und heissen daher auch noch Jubilationes, Jubili, griechisch Pneumata, Neumata. Der erste Dichter von Texten dazu war Notker Balbulus. (Schubiger, Sängerschule St. Gallens S. 39 und 7.)

1. Sequentiarium. 54 f. m. 25.5 × 18.2 cm. s. XII ex.
f. 1. Sequentiarium totius anni. Proprium de tempore von Weihnachten an, in dem die einfallenden Feste der Heiligen enthalten sind; zu Ostern, f. 10—11, lückenhaft. — 43'. In dedicatione eccles. — 44'. Commune Sanctorum. — 49'. De S. Maria. — 54'. Ad cenam uberem, eine Ostersequenz, noch im 14. Jahrh. nachgetragen == Mone, Hymnen I n. 169. — Gothische Choralnoten. . — Gemalte Initialen. (A. CCIX.)

2. Sequentiarium monialium Franciscanarum. 172 f. m. 42,6 × 31 cm. s. XV.
f. 1. Sequentiarium totius anni, mit Surgit radix yesse beginnend. Im Proprium de tempore sind die einfallenden Sequenzen der Heiligen enthalten. — Quadratnoten. (Geo. 3.)

XIX. Missale,

oder Liber missalis enthält alle gesprochenen und gesungenen Theile der h. Messe. Die Eintheilung ist folgende:
1. Proprium de tempore, beginnend früher mit Vigilia natalis Domini oder mit Dominica V. ante natalem Domini oder später mit Dominica I. Adventus Domini, und zwar mit dem Introitus: »Ad te levavi animam meam.« Das Proprium de tempore wird fortgeführt gewöhnlich bis zum Sabbatum sanctum.
2. Ordo Missae, das heisst die feststehenden Theile der Messe, darunter die Präfationen, meistens mit Musiknoten. In alten Missalien fehlen diese Theile, ausser den Präfationen, vielfach, weil dafür die sogenannten Kanontafeln dienten.
3. Canon, gewöhnlich unfoliiert, in medio libri, mit grösserer Schrift und dem Kanon-Bild (Christus am Kreuze, meistens mit Maria und Johannes), beginnend mit »Te igitur«.
4. Fortsetzung des Proprium de tempore bis zum Schlusse des Kirchenjahres.
5. Proprium Sanctorum, gewöhnlich mit Vigilia Sancti Andreae anfangend.
6. Commune Sanctorum, beginnend mit Vigilia (unius) Apostoli. Nach dem Commune Sanctorum oder schon nach dem Proprium de tempore findet sich die Missa in dedicatione ecclesiae (et altarium).
7. Missae votivae et diversae. Die ältesten derselben sind: Dominica de Trinitate, Feria II. de Sapientia, Feria III. de Sancto Spiritu, Feria IV. de Angelis, Feria V. de Caritate, Feria VI. de Sancta Cruce, Sabbato de Beata Maria Virgine. Dazu de B. M. V.,

in commemoratione B. M. V., pro peccatis, pro serenitate u. s. w., Missa defunctorum.

Dem Ganzen gehen vorauf: 1. Kalender, 2. Rubricae generales, im Unterschiede von den Rubricae speciales, die in allen Theilen des Missales suis locis auftreten, 3. Benedictiones aquae et salis. Am Schlusse stehen wieder Benedictiones, darunter auch zuweilen die erwähnten, ferner Sequenzen und gewöhnlich Nachträge von Messen.

Das Missale enthält entweder alle Theile für das ganze Jahr (Missale plenarium) oder alle Theile für einzelne Jahreszeiten, zum Beispiel Pars hiemalis, aestiva, oder endlich einzelne Theile, zum Beispiel Missa defunctorum, die Ferialmessen der Fastenzeit. Musiknoten oder Neumen finden sich, ausser bei den Präfationen, noch in den ältern Missalien auf den Passionen und auf Lektionen und Evangelien, besonders auf dem ›Liber generationis‹.

Jedes vollständige Messformular, d. h. die Zusammenstellung derjenigen Messgebete, welche sich nach Zeiten und Festen ändern, bietet folgende Theile: 1. Introitus, 2. Oratio oder Collecta, 3. Lectio, 4. Graduale oder Alleluia magnum, 5. Evangelium, 6. Offertorium, 7. Secreta, 8. Communio, 9. Complenda = Ad complendum = Postcommunio.

Über die Passionsevangelien s. Lectionarium n. IV.

1. **Missale.** 145 f. m. 25,9 × 18 cm. s. XIV.

    f. 1. Proprium Sanctorum. — 26. Commune Sanctorum. — 61. In dedicatione eccles. et altaris. — 63. Missae votivae et diversae. — 76. Praefationes et Communicantes, wobei f. 77' abbricht. — 79. Kanon. — 86. Proprium de tempore von Advent bis 19. Sonntag nach Trinitatis. — 145' bricht ab. — Kanonbild. (A. CLXXX.)

2. **Missale.** 246 f. m. 31 × 21,6 cm. s. XIV.

    f. 1. Missa feriae VI. quattuor temporum in Adventu, der Anfang fehlt; Missae de B. M. V. — 5'. Gradualia de Sanctis et de Communi Sanctorum. — 7'. Prima missa in nativitate Dni., von anderer Hand. — 8'. Evangelium in Principio; Benedictiones. — 9. Missa in diluculo in nativitate Dni., von anderer Hand. — 10. Die Messen der Ferien von Aschermittwoch bis Sabbatum sanctum, am Ende Missa de Corpore Chr. — 72. Sequentiae per annum, am Ende die Sequentia de S. Catharina, von anderer Hand. — 89. Sex collectae de B. M. V. — 90. Zweites vollständiges Missale. Proprium de tempore von Dominica prima adventus bis 23. Sonntag nach Pfingsten. — 172. Praefationes. — 174. Kanon, ohne Ritualrubriken. — 176. Proprium Sanctorum, mit S. Stephani Protom. beginnend. — 226. Commune Sanctorum, de apostolis am Anfange. — 230'. In dedicatione eccles., Missae votivae et diversae, Orationes diversae. — 245'. Credo, Gloria. — 246. Benedictio salis et aquae. Auf dem innern Vorderdeckel die Oblationsepiklese und das Oblationsgebet in veränderter Form. (Pm. 14 a.)

3. **Missale.** 289 f. m. 35,7 × 25 cm. 1468.
f. 2. Kalender. — 9. Missale. Proprium de tempore von Dom. prima In adventu bis In Coena Domini. — 102. Generalrubriken. — 103. Ordo Missae. — 105. Gloria, Credo, Praefationes, letztere meistens nur die Mitte enthaltend und mit Quadratnoten. — 112. Sacerdos extendens; Anfangsrubrik des Kanon, 16. Jahrh. — 113. Kanon, ohne Ritualrubriken. — 121'. Fortsetzung des Proprium de tempore mit In die Sanctae Paschae. — 185. Proprium Sanctorum, In vigilia S. Andreae am Anfange. — 228. Commune Sanctorum. — 253. Missae diversae, zuerst In Conceptione B. M. V. — 256'. In anniversario dedicationis eccles. — 259. Missae votivae, Orationes, In agenda mortuorum. — 279'. Lectio in Vigilia Ascensionis, Orationes pro Iter agentibus, 16. Jahrh. — 280. Benedictiones, zuerst Exorcismus auri. — Comparavit Walthisar de liechtnstain, finitus in biseno per leonardum stocker de ärding 1468. — Gemalte Initialen. Vollbild zum Kanon: Christus am Kreuze mit Maria und Johannes, in den Ecken in Medaillons Jeremias, Abraham, Daniel, Ysaias. (Pm. 8.)

4. **Missale.** VI + 256 f. m. 34,2 × 25 cm. 2 col. s. XV.
f. I. Kalender. — 1. Missale. Proprium de tempore mit Dom. I Adventus beginnend. — 163. Ordo Missae vom Gloria an. — 172' bricht ab. Der Kanon mit dem ersten Blatte vom Proprium Sanctorum herausgeschnitten. — 173. Proprium Sanctorum von S. Andreae an. — 222. Commune Sanctorum. — 244. Missa votivae et diversae, Missa de mortalitate am Anfang. — 251. Sequentiae, mit Grates nunc omnes beginnend. — Gothische Choralnoten. — Gemalte Initialen. (S. 2.)

5. **Missale speciale.** 1.4—26 f. m. 35 × 26,5 cm. 2 col. 1482.
f. 1. Missae votivae, am Anfange Dominica die de sancta trinitate, und pro defunctis. — 9'. Gloria, Credo, Praefationes. — 12. Kanon. — 15. Missae de festis. — 26. Missa de sancto rapar.; bricht ab. — Auf f. 11' Vollbild zum Kanon. (Me. 5.)

6. **Missale Benedictinum.** VII + 177 f. m. 22,7 × 15,3 cm. s. XII.
f. I. Theile der Missa feriae II. Paschae. — II. Kalender mit Tafel auf f. III. — 1. Missale. Proprium de tempore, mit In aduentu dni. beginnend und mit den einfallenden Festen der Heiligen. — 113. Commune Sanctorum mit Missa S. Andreae Ap., in dedicatione eccles. et altaris und Nachträge zum Commune Sanctorum. — 138. Credo, Gloria, die übrigen Gesänge und ein Directorium. — 147. Kanon, dessen Anfang fehlt, die 2 Gebete vor der Kommunion im 15. Jahrh. an den Rand geschrieben; Missae votivae et diversae, Lektionen und Evangelien zu den Missae votivae et diversae. — 177' bricht ab. Lückenhaft, mehrere Schreiber. — Zu

Introitus, Graduale, Offertorium, Communio und zu den übrigen
Gesängen Neumen. (K. 1001.)

7. **Missale Benedictinum.** XIII + 246 f. pap. 31 ×
21,2 cm. 2 col. s. XV.

f. I. Exorcismus salis. — II. Kalender. — VIII. Incipit Ordinarius
missalis de Sanctis secundum Religiosos = Directorium. — 1. Missale.
Proprium de tempore, mit Dom. prima in adventu beginnend und
nach dem Samstage in der Pfingstwoche f. 108 durch den Ordo
Missae, Kanon und einen Nachtrag von Votivmessen von anderer
Hand unterbrochen. — 162'. Proprium Sanctorum. — 214'. Commune Sanctorum, Missae votivae et diversae. — 246. Commune
Sequentiarum, in dem f. 247' abbricht. — 247 (bis). Nachträge
ohne Anfang und von mehreren Schreibern. Lückenhaft. — Gothische
Choralnoten. — Aus dem Kloster St. Fides zu Bamberg. (Geo. 59.)

8. **Missale Benedictinum.** a—b + 234 f. m. 32,2 ×
22,5 cm. 2 col. s. XV.

f. a'. Exaudi quaesumus dne., Collecta. — b. Messformular, beides
von anderer Hand des 15. Jahrh. — 1. Missale. Proprium de
tempore, mit Dom. prima Adventus beginnend. — 104'. In dedicatione eccles. — 106. Ein Theil des Ordo Missae. — 107. Missa
pro itinerantibus. — 108. Ordo Missae. — 118. Kanon. —
128. Missae votivae. — 130. Proprium Sanctorum, Vigilia S. Andreae
am Anfange. — 183. Commune Sanctorum. — 217. Sequuntur
speciales missae = votivae et diversae. Collectae. — Gemalte
Initiale A auf f. 1'. Kanonbild als Vollbild. (S. 3.)

9. **Missale Dominicanum.** 296 f. m. 27,8 × 19 cm.
2 col. s. XV.

f. 1a. Missa de S. Petro M. — 1 a'. Orationes, von mehreren
Schreibern. — 1. Missale. Proprium de tempore von Dom. I. Adventus bis Sabbatum sanctum. — 116'. Ordo Missae, Praefationes,
Communicantes. — 124. Kanon, ohne Ritualrubriken, am Ende
Gloria und Credo. — 128'. Fortsetzung des Proprium de tempore
mit Dies Paschae, am Ende In dedicatione eccles. — 183. Proprium
Sanctorum, mit Vigilia S. Andreae beginnend. — 255. Commune
Sanctorum, In communi unius Martyris am Anfange, Missae votivae,
pro defunctis und Orationen. — 283'. Anhang von Messen, zuerst
Scti. Vincentii de Ordine Praedicatorum, und Orationen. Auf dem
Rande von f. 230 Sequentia de S. Dominico; f. 296' die Professio
des Bruders Ordin. Praedicatorum .ristannus Cerdonis im Conventus
Bozannen. Vier Schreiber. (Pm. 20.)

10. **Missale Dominicanum.** 303 f. m. 29,5 × 21,5 cm.
2 col. s. XV.

f. 1. Kalender, von Mai an. — 4. Benedictio aquae, Liber generationis Jesu, mit Quadratnoten. — 11. Missale. Proprium de tempore von Dom. prima in aduentu bis Charsamstag. — 117. Ordo Missae, Praefationes, Gloria, Credo. — 126. Kanon, ohne Ritualrubriken. — 129'. Fortsetzung des Proprium de tempore. — 181. In anniversario dedicationis eccles. — 183. Proprium de Sanctis. — 261. Commune Sanctorum in Lektionen und Evangelien. — 268'. Missae votivae et diversae, Orationes, Missa defunctorum. — 280'. Generalrubriken. — 283'. Sequenzen, mit Laetabundus exultet beginnend. — 297. Oratio S. Ambrosii ante Missam, f. 300 fortgesetzt, von späterer Hand. — 299'. Nachträge von Sequenzen, Messen und Orationen von anderer Hand. — Quadratnoten, auf Lektionen und Evangelien Neumen. — Gemalte Initialen und Kanonbild als Vollbild: Christus am Kreuze mit Maria und Johannes. (Pm. 45.)

11. **Missale Dominicanum.** 358 f. m. 31,6 × 22 cm. 2 col. s. XV.

f. 1. Kalender. — 7'. Generalrubriken. — 12. Benedictiones cineris, palmarum etc., Liber generationis Jesu, mit Quadratnoten. — 21'. Ritualrubriken. — 22. Missale. Proprium de tempore mit Dom. prima in aduentu beginnend. — 142. Ordo Missae, Praefationes. — 151. Kanon, ohne Rubriken. — 155. Fortsetzung des Proprium de tempore mit Ostern. — 220. In dedicatione eccles. — 222. Proprium Sanctorum. — 299. Commune Sanctorum in Lektionen und Evangelien. — 308. Missae votivae, Orationes, pro defunctis. — 322. Orationes de Ss. Udalrico, Afra, Hilario. — 323. Sequentiae et Orationes. — 333. Oratio S. Ambrosii ante Missam, benedictio aquae. — 335. Anhang von Sequenzen, Orationen und Messen. — Quadratnoten, auf den Lektionen und Evangelien Neumen. — Gemalte Initialen und Kanonbild als Vollbild: Christus am Kreuze mit Maria und Johannes. (Pm. 46.)

12. **Missale Dominicanum.** Pars hiemalis. VIII + 153 f. m. 33,2 × 24,2 cm. 2 col. s. XV.

f. I. Missa de Corpore Chr.; Verweisungen. — II. Kalender. — 1. Benedictio salis et aquae, Generalrubriken, Modus canendi, Oratio ante et post Missam et fructus missae. — 9. Missale. Proprium de tempore von Dom. prima in Aduentu bis Charsamstag. — 83'. Ordo Missae, Praefationes, Canon. — 90'. Proprium Sanctorum, Missae votivae et diversae. — 126. Nachträge. — 129. Sequenzen. — 138. Nachträge von mehreren Schreibern. — 142'. Gesänge für Charwoche, Weihnachten und Epiphanie. — 156. Register. — Quadratnoten, auf den Evangelien Neumen. — Kanonbild in der Initiale T. — Aus dem Kloster zum hl. Grab in Bamberg sub cura ordinis praedicatorum und 1459 von Schwester Kunigund Holzschuherin zu St. Katharina zu Nürnberg, Predigerordens, ausgebessert. (Geo. 8 a.)

Missale Dominicanum. Pars aestiva. VII + 146 f. m.
13. 34 × 24,5 cm. 2 col. s. XV.

f. I—VII. 1—9 wie n. 12. f. I'—VII und 1—8'. — 10. Missale. Proprium de tempore mit In die sancto pasce beginnend, in dedicatione eccles. und Litania. — 51'. Ordo Missae, Praefationes, Canon. — 64'. Proprium Sanctorum. — 103. Lectiones de Communi Sanctorum, Commune Sanctorum, Missae votivae et diversae und Nachträge. — 130'. Sequenzen und Nachträge von mehreren Schreibern. — 145. Register. (Geo. 8b. Ausstattung, Herkunft und Ausbesserung wie n. 12.)

XX. Directorium, Ordo,

genauer Ordo divini officii, Ordo rei divinae faciendae, auch Ordinarius, Breviatura, deutsch ›briefi‹ genannt, enthält die kalendermässige Angabe der auf die einzelnen Tage fallenden Officien in ihren wichtigsten Theilen, entweder für das Brevier oder für das Missale oder für beide zusammen. Nonnenklöster hatten solche Bücher gewöhnlich in deutscher Sprache. Kürzere Direktorien wurden in andere liturgischen Bücher, z. B. in die Breviere, Gradualien und Missalien, aufgenommen.

Dem Directorium hat man Ritualrubriken beigegeben (s. n. V. XIX.), was wohl seine weitere deutsche Benennung ›nottel‹ veranlasste. (s. n. XXII.)

1. **Directorium Breviarii et Rituale. 70 f. m. 21,5 × 17,1 cm. s. XVI.**

   f. 1. Directorium totius anni für das Brevier. Proprium Sanctorum. — 19. Theile des Proprium de tempore. — 21. Kalender. — 24. Rituale professionis noviciorum. — 41. Proprium de tempore. — 66'. Commune Sanctorum temp. paschali. — 68'. Commune Sanctorum extra temp. paschale. (A. CCXXXV.)

2. **Directorium Breviarii et Missalis Benedictinum. 156 f. pap. 22 × 14,8 cm. 2 col. 1471.**

   f. 2. Kalender. — 15. Ordo divini officii per circulum anni. Proprium de tempore. — 81'. Proprium Sanctorum, auf f. 99 vom Commune Sanctorum temp. paschali unterbrochen. — 156'. Commune Sanctorum. (E. 36.)

3. **Deutsches Directorium der Dominikanerinnen zu St. Agnes (Strassburg ?).** 235 f. pap. 21 × 14 cm. s. XV.

f. 1. Kalender. — 8. Directorium des ganzen Jahres mit Ritualrubriken, die ganze Nottel. 1. Theil für den Chordienst, das Brevier, am Anfange: Wie man zuo den ziten lüten sol. — 154'. 2. Theil für die hl. Messe, letzterem auf f. 154' ein Register vorgesetzt. — 234. Nachträge für die hl. Messe. (Pp. 45.)

4. **Deutsches Directorium aus einem Dominikanerinnenkloster im Elsass.** 150 f. pap. 15 × 11 cm. s. XV. XVI.

f. 1. Directorium für Brevier und hl. Messe des ganzen Jahres mit dem Anfange: Als an der nottel stat. Für einige Ritualrubriken beruft sich die Schreiberin auf Mittheilungen aus dem Predigerkloster in Kolmar, so f. 111 und 112. — 140. Als Anhang das Directorium der Jahre 1481 und 1519, das Einfallen der beweglichen Feste betr. — Drei Schreiberinnen. (Pp. 5.)

5. **Deutsches Directorium aus einem Dominikanerinnenkloster.** 159 f. m. 26 × 18 cm. s. XVI in.

f. 1. Directorium des ganzen Jahres mit Ritualrubriken. 1. Theil für den Chordienst, das Brevier, mit dem Anfange: Wie man zu den zyten lüten sol. — 4. Proprium de tempore: Wenn man den aduent anhebt. — 56. Proprium Sanctorum, auf f. 64 durch: In der gemaine... in der osterzeit unterbrochen. — 80. In der gemainde... ussewendig der osterzeit = de Communi Sanctorum, de Officio B. M. V. in Sabbato, de Officio parvo B. M. V., de psalmis grad. — 85'. 2. Theil für die hl. Messe. Proprium de tempore, am Anfange Aduentus domini. — 102'. Proprium Sanctorum, beginnend: An der vigilie ste Andres. — 115. Incipit Commune sanctor., de Missis votivis, Orationibus, Missa defunctorum. — 118'. Von dem Diener ze alter. — 119. Wie man lesen sol in dem Monat Augusto. — 121'. Register. — 128. Von den hochziten und andere Generalrubriken für Brevier und Messe, Ritualien für das Nehmen der Disziplin, die Einkleidung der Novizen, den Tischsegen, das Weihwasser und Altarwaschen. Mehrere Schreiberinnen. — Aus dem Frauenkloster Weiler, Schwaben, ehemal. Diözese Konstanz. (Pm. 31.)

6. **Lang, Leop. Rubricae Generales et Speciales Missalis et Breviarij,** acc. Calendarium Festa Sanctûm nec non ex Necrologio Nomina continens defunctorum. 192 f. pap. 32 × 19,5 cm. 1720. (E. 332.)

XXI. Processionale

bildet eigentlich einen Theil des Rituales, tritt aber im Mittelalter häufig selbständig auf oder oft nur in äusserlicher Verbindung mit dem Rituale. Es enthält die Gesänge zu den folgenden Prozessionen: 1. In purificatione B. M. V., ›Lumen ad revelationem‹. 2. In ramis palmarum, ›Pueri Hebraeorum‹. 3. In ascensione Domini, ›Viri Galilaei‹. 4. In assumptione B. M. V., ›Felix namque es‹, mit Musiknoten.

Das Processionale wird erweitert durch die Gesänge bei den übrigen Prozessionen, besonders: In festo Corporis Christi, ›Invitati‹, ›Homo quidam‹. — Ad ablutionem altarium in Coena Domini, ›In monte oliveti‹. — Ad mandatum in Coena Domini, ›Dominus Jesus‹. — Die Improperien, ›Popule meus‹. — Adoratio crucis, ›Ecce lignum crucis‹ und ›Vexilla Regis prodeunt‹. — In receptione praelatorum, legatorum, ›Cives apostolorum et domestici Dei‹. — In receptione regis, saecularium principum, ›Tua est potentia‹. Ferner durch die Antiphonen (Suffragia) aus dem Modus sepeliendi, ›Subvenite‹, ›Antequam nascerer‹, ›Clementissime‹, und durch andere Antiphonen oder Responsorien, z. B. de B. M. V. und durch Orationen.

1. Processionale. 14 f. m. 24,5 × 8,7 cm. s. XIII.

   f. 1. Sequentia de S. Maria Magdalena, die auf f. 14' fortgesetzt wird. — 1'. Processionale, mit Lumen ad revelationem beginnend und erweitert durch: — 9. Populo meus. — 10. Invitati. Verbunden. — Quadratnoten; zu den Improperien gothische Choralnoten. (Pm. 51.)

2. Processionale. 12 f. m. 29 × 10 cm. s. XIV.

   f. 1. Lumen ad revelationem am Anfange; erweitert durch: — 9. In Choro. Inuitati, von anderer Hand. — Quadratnoten. (Pm. 22b.)

3. Processionale. 38 f. m. 9,5 × 7 cm. s. XV.

   f. 1. Pveri hebreorum am Anfange; erweitert durch: — 10. Ad mandatum. — 32. In festo Corporis Chr. — 35'. Ad ablutionem altarium, von anderer Hand, darunter f. 37 aus dem 17. Jahrh. der Anfang: Jhesu nostra redemp. Vom Schreiber auf f. 30.: S. katerina heilmennen. — Quadratnoten. (x. 17.)

4. Processionale monachorum. 14 f. m. 24 × 8,4 cm. s. XIII. XIV.

   f. 1'. In purificatione, am Anfang des Processionales; erweitert ist letzteres durch: — 11. In choro. Inuitati, aus dem 14. Jahrh. — Quadratnoten. (Pm. 35.)

5. **Processionale monachorum.** 39 f. m. 19,7 × 10,7 cm. s. XIV.

f. 1. Manus Guidonis. — 1'. Theoger, Musica. — 7'. Regulae super discantum (Dietericus). — 8. Veni sancte spiritus. Vgl. Hans Müller in: Mittheilungen aus der Grossherzogl. Bad. Hof- und Landesbibliothek VI. Karlsruhe 1886. — 9. Processionale, mit In purificatione beginnend und erweitert durch: — 20'. Ordinarium Missae, Responsoria de B. M. V. et de Joanne Bapt. — 29'. Dominus ihesus. — 35. In die corporis et sanguinis xpi. — 37'. Kyrie eleyson et Sanctus. — 38'. Ter terni sunt modi. Vgl. Hans Müller wie oben. — 39'. Sub tuum praesidium, Responsorium de B. M. V., von viel späterer Hand. Zwei Schreiber. — Quadratnoten. (Pm. 29 a.)

6. **Processionale monachorum, in usum monialium translatum.** 12 f. m. 28,7 × 10,4 cm. s. XIII—XIV.

f. 1. In purificatione; erweitert durch: — 8. Clementissime domine, aus dem Modus sepeliendi. — 8'. Alleluia, felix es virgo, Antiphona de B. M. V. — 9. In choro. Invitati, von späterer Hand. — 12'. Non intres in iudicium, Versus und Responsorium aus dem Modus sepeliendi, von anderer Hand. — Quadratnoten. (Pm. 53.)

7. **Processionale monialium.** 8 f. m. 4 f. pap. 33 × 12,3 cm. s. XIV.

f. 1. Lumen ad revelationem. — 9. De processione in die Corporis x. die sengerin sol. ... — 11. Feria sexta in Honorem Dominicae passionis, aus dem 18. Jahrh. — Quadratnoten. (Pm. 22 a.)

8. **Processionale monialium.** 13 f. m. 25 × 9 cm. s. XIV.

f. 1. In purificatione, am Anfange; erweitert durch: — 9. In choro. Invitati. — Quadratnoten. (Pm. 52.)

9. **Processionale monialium.** 8 f. m. 25 × 8,8 cm. s. XIV.

f. 1'. In purificatione am Anfange; erweitert durch: — 1. In purificatione Benedictio cereorum. — 7'. Benedictio super ramos palmarum. — Quadratnoten. (Pm. 54.)

10. **Processionale monialium.** 13 f. m. 30,3 × 12 cm. s. XIV—XV.

f. 1. Lumen ad revelacionem am Anfange; erweitert durch: — 9. In festo Corporis Domini. Ritualrubriken am Rande. — Quadratnoten. (Pm. 21 a.)

11. Processionale monialium. 15 f. m. 25,3 × 14 cm.
s. XV.

f. 1. In Purificatione B. M. V. am Anfange und ohne Erweiterungen.
— Quadratnoten. (Pm. 5.)

12. Processionale Cisterciense. 45 f. m. 22,7 × 15,5 cm.
s. XVI.

f. 1. In purificatione B. M. V. am Anfange; erweitert durch: —
4. In annuntiatione B. M. V. — 12. In sollemnitate sacramenti
altaris. — 14'. In visitatione B. M. V. — 18'. In festo S. Bernardi.
— 21. In nativitate et conceptione B. M. V. — 22'. Eine Anzahl
anderer Antiphonen und Responsorien. — 33. Ad mandatum. —
41. Suffragia in sepultura. — 45. Register. — Quadratnoten. —
Gemalte Initialen. (Gü. 2.)

13. Processionale Cisterciense. 46 f. m. 22,7 × 15,8 cm.
s. XVI.

f. 1. In purificatione am Anfange; der übrige Inhalt stimmt mit
n. 12. überein. Nur sind f. 44 und 45 von späteren Schreibern
zwei Responsorien eingetragen. — 46. Register. — Quadratnoten. —
Gemalte Initialen. (Gü. 3.)

14. Processionale Cisterciense. 110 pag. m. a + b + 1—4
+ 115—120 pap. 18 × 13 cm. 1607.

p. a. In der Osternacht beim hl. Grab. — 2. Dominicis Augusti,
quando fit de Dominica ad processionem. — 5. In Festo Dedicationis Eccl. ad Processionem, p. a — 5. 17. und 18. Jahrh. —
7. Processionale Sacri Cysterciensis Ordinis; erweitert durch: —
41. In die Sacramenti altaris, In visitatione, In nativitate B. M. V. —
61. Responsorien. — 87. Suffragia ad inhumandum. — 91. Ad
mandatum. — 114'. Antiphonen und In Translatione S. Benedicti,
letzteres Nachträge aus dem 18. Jahrh. — Quadratnoten. — Gemalte
Initialen und auf f. 7 Wappen von Clairvaux. Geschrieben von
f. Michael Rieckher Villinganus, Theunenbacheusis Bursarius et
Confessarius Coenobij Wouenthal auf Bitten der Sor. Barbara
dicta Morizin ex Kenzing, monasterii Wonenthal monialis professa.
(W. 2.)

15. Processionale Cisterciense. a—c + 70 f. pap. 19 ×
12 cm. 1629.

f. a. Et valde mane, Antiphon von Ostern, von anderer Hand. —
1. In purificatione, am Anfang des Processionales, das wie n. 12
erweitert ist. — 48. Index. — 50. In festo susceptionis sancte
corone, Antiphonen, und ad Mandatum, von anderer Hand. — Quadratnoten. (Gü. 16.)

16. Processionale Cisterciense. 106 f. pap. 18 × 11 cm. s. XVII.

f. 1. In Purificatione, am Anfange des Processionales, das vom nämlichen Schreiber, wie n. 15 herrührt und wesentlich mit letzterem übereinstimmt. Nur hat n. 16 das Mandatum aufgenommen, hat dagegen einige Antiphonen weniger und kein Register. — 48'. Anhang in verschiedener Schrift, Hymnen, Symbolum Nicaenum, Modus canendi und Antiphonen enthaltend. — Quadratnoten. (Gü. 17.)

17. Processionale Dominicanum. 38 f. m. 18,5 × 14 cm. s. XIV.

f. 1. Lumen ad revelationem, am Anfange; erweitert durch: — 4. Dominus ihus. — 21. Popule meus. — 24. Xpistus resurgens, zur Prozession an Ostern. — 33. Subvenite und Orationen. — Quadratnoten. — Aus dem Kloster zu St. Margareth und Agnes zu Strassburg. (Pm. 22.)

18. Processionale et Sequentiarium monialium. 180 f. m. 7,6 × 5,5 cm. s. XIV.

f. 1. Antiphona de S. Agnete. — 3. Pveri hebreorum, am Anfange; erweitert durch: — 17. Mandatum. — 26. Improperien. — 43. Antiphonae et Sequentiae per annum, mit In nat. dom. Letabundus exultat beginnend. — 133. Dise p(re)die tet vns Brvder Hvgo der Lesemaister von Constence, zwei Predigten de S. Joanne Ev. et de S. Joanne Bapt. — Quadratnoten. (Geo. 31.)

19. Processionale et Cantorale. 80 + 6 f. pap. 17 × 10 cm. 1726.

Mit Gesängen in Figuralmusik und deutschen Texten. (E. 379.)

20. Sectio Processionalis: ad Mandatum. 15 f. pap. 17,2 × 11 cm. s. XVII.

f. 1. De Mandato seu Lotione pedum, Ritualrubrik. — 2'. In Coena Domini ad lotionem pedum. Mandatum novum, am Ende Ritualrubriken, Preces und Orationes. — Quadratnoten. (R. 197.)

XXII. Rituale

oder Obsequiale, Ordo, Agenda, Ordinarius, enthält die Ritualrubriken, Gebete und Gesänge für die Spendung der Sakramente, für Weihungen und Segnungen im weitesten Sinne, also z. B. auch für Beerdigungen, für Einkleidung der Novizen, die früher zum Theile in die Sakramentarien aufgenommen waren. Sie theilen sich nach ihrem Inhalte in Sacramentale für Spendung der Sakramente, z. B. Ordo baptizandi, Baptismi, Ordo ministrandi sacramentum poenitentiae, und in Benedictionale für Segnungen, Weihungen, z. B. Ordo ad faciendam aquam benedictam u. a. Da die Ritualrubriken gewöhnlich mit »Nota«, »Notandum quod« anfingen und daher Notae oder Notulae genannt wurden, hiess das Rituale auch »nottel«; die »kleine nottel« umfasste als Grundbestandtheile den Modus, Ordo communicandi et ungendi infirmum, Modus iuvandi morientes oder Commendatio animae und Modus sepeliendi oder Exsequiae, »das ampt der siechen« und das »ampt der begrebnüsse«.

1. Consuetudines, seu, ritus Chori, Ecclesie Cathedralis Augustensis. 24 f. pap. 16,3 × 11,2 cm. s. XVI bis XVII. (K. 1078.)

2. Rituale (Benedictionale et Sacramentale). I. II. f. m. III—XII + 118 f. pap. 21,3 × 15,5 cm. 1486. 1510.

   f. II. Formulae absolutionis. — IV. Register des Benedictionales. — V. Register des ganzen Inhaltes. — V'. Rotae Kalendarii. — VI. Kalender. — XII. Kalendertafel. — 1. Rituale, mit Exorcismus salis beginnend, dann abwechselnd Theile des Benedictionales, Sacramentales, Processionales, Aufzählung der Sakramente, Pater, Ave, Credo, Dekalog, Pronuntiatio festorum u. a. — 116. De receptione episcoporum et principum. — 118'. Register der Benedictiones. Mehrere Schreiber. Am Ende des Haupttheiles auf f. 112 per fratrem Dauid büsler de vrach 1486, auf f. 118 per me fratrem andream ysengrin de lantsperg 1510. f. 51—59 aus dem 16.—17. Jahrh. f. II Monasterij Rippelzauu. — Gothische Choralnoten. (Geo. 56.)

3. Statuta Congregationis Benedictinae Argentinensis. X + 145 + 116. pag. (+ 1 f.) pap. 18,5 × 15 cm. 1620.

   p. 98. Invitatio ad professionem et Antiphona de Spiritu S. — Gothische Choralnoten. (E. 55.)

4. **Ritus et Caeremoniae Monasterium Religionis causâ ingressos recipiendi.** II + 30 pag. + 2 f. pap. 20 × 15,5 cm. 1697.
Gothische Choralnoten. (E. 371.)

5. **Rituale monasticum.** 260 + 1 pag. pap. 20,5 × 16,5 cm. 1753.

p. 1. Rituale Monasticum pro Congregatione S. Josephi Suevico-Benedictina. Titel. Entwurf mit folgendem Inhalte: Pars 1. de ritibus Officii Divini. Pars 2. de Exercitiis Fratrum extra Chorum. Pars 3. de ritibus quibusdam annuis et extraordinariis. — p. 255. Index. (K. 995.)

6. **Obsequiale monialium Cisterciensium.** 78 f. m. 21 × 15,5 cm. 1475.

f. 1. Incipit ordo, der Ritus der Einkleidung. — 5'. Quo modo pueri suscipiantur ad ordinem. — 9'. Ordo ad inungendum infirmum, Commendatio animae, Ordo sepeliendi, Absolutio generalis. — 47'. Benedictionale, mit Benedictio cereorum anfangend. — 54. Officium defunctorum. — 76'. Diss ist wie man den nouitzi die kutten zu der professs anlegen sol, von anderer Hand. — Quadratnoten. — Auf f. 76: Explicit feliciter liber, qui intitulatur obsequiale . . . a fre Cunrado fladenschbrot monacho et sacerdote ac professo In Salem. per precationem . . . . sororis Vrsule Bossin In ualle scte crucis. Kreuzthal in Schwaben, ehemalige Diözese Konstanz. (Pm. 30.)

7. **Rituale monialium Dominicanarum.** 85 f. m. 16 × 11 cm. s. XV.

f. 2. Wenn ein siche suester, Modus communicandi. — 3. Modus ungendi. — 7. Commmendatio animae. — 33. Modus sepeliendi, alles mit deutschen Ritualrubriken und von anderer Hand am Fussrande die Ordnung der Prozessionen bei obigen Anlässen. — 56. Psalmi poenitentiales et Litania. — 72'. Litanei für Verstorbene mit Orationen. — 77. Die xv. gradpsalm. — 84'. Antiphonen und Orationen zu den Busspsalmen am Aschermittwoche. — Quadratnoten. — Gemalte Initiale W auf f. 2. — Aus dem Dominikanerinnenkloster zu Bamberg. (Pm. 31 a.)

8. **Rituale, „Agend", monialium Dominicanarum.** 113 f. m. 17,8 × 12,3 cm. 1466.

f. 1. Processio czu der communion, Anfang des Rituales, das in Inhalt und Anordnung mit n. 7 übereinstimmt; nur finden sich hier die Ordnungen der Prozessionen im Texte, ausser f. 44 und f. 55, beide von anderer Hand, und die der Prozession vom Grabe in die Kirche fehlt. — 1. Modus communicandi et ungendi. —

14'. Commendatio animae. — 49'. Modus sepeliendi. — 75. Busspsalmen mit Litanei. — 96'. Litanei für die Verstorbenen. — 102. Gradualpsalmen. — 111. Antiphonen zu den Busspsalmen am Aschermittwoch. Auf dem äussern Vorderdeckel: Agend nach vnserm Orden 1466. — Quadratnoten. (Pm. 64.)

9. Rituale monialium Dominicanarum. 79 f. m. 17 × 12,3 cm. 1481.

> f. 1. von der communion der siechen suester, Anfang des Rituales mit Modus communicandi. — 2'. Modus ungendi. — 39. Modus sepeliendi, alles mit deutschen Ritualrubriken und der Ordnung der Prozessionen am Fussrand, wie n. 10. und nur dadurch verschieden, dass hier am Ende f. 73' die Gradualpsalmen stehen. — 73. Kollekte am Fusse, von späterer Hand. (Pm. 56.)

10. Rituale monialium Dominicanaram. 87 f. m. 20,2 × 15 cm. s. XV.

> f. 1. D. v. von der communion einer siechen swester, Ordo communicandi. — 3'. Ordo ungendi. — 13'. Commendatio animae. — 50. Modus sepeliendi, alles mit ausführlichen deutschen Ritualrubriken und der Ordnung der Prozessionen bei obigen Anlässen am Fussrand. — 79'. Psalmi poenitentiales. — Quadratnoten. — Aus dem Kloster zu sant kathrin in nur(enberg). (Pm. 39.)

11. Rituale monialium Dominicanarum. 58 f. m. 17 × 13,6 cm. s. XV.

> f. 1. Wenn ein sieche swester, Anfang des Modus communicandi. — 1'. Modus ungendi. — 8. Commendatio animae. — 25. Modus sepeliendi. — 39. Septem psalmi poenitentiales et Litania. — 50. Die todten letaney, auf die vorige verwiesen, und Orationen. — 52. Gradualpsalmen. — 57'. Antiphonen der Busspsalmen am Aschermittwoch und Oration. — Quadratnoten. — Auf dem innern Hinterdeckel: Dass buch hat vns geschinckt die Ew. muter priorin Cordula knörrin zu nürnberg 1559 den 24 aprilin. Von späterer Hand: schwester Anna Wölffin Closter. h. Grab ausser Bamberg. (Pm. 65.)

12. Officium defunctorum et Rituale monialium Dominicanarum. 174 f. pap. 14,4 × 10,5 cm. s. XV.

> f. 1. Oratio pro animabus defunctis Miserere Dne. mit später eingetragenem Versus. — 1'. Vigiline mortuorum. — 25. Hie noch vochet an das buch der toden. Rituale mit Modus communicandi. — 26'. Modus ungendi. — 36. Commendatio animae. — 64'. Modus sepeliendi. — 82'. Dis hernach sint die x. ps., Psalterium D. N. J. Chr. — 88'. Deutsches Ablassgebet und andere deutschen Gebete. — 90. Sammlung deutscher Gebete, von anderer Hand. — 144. Deutsche

Abhandlung moralischen Inhaltes. — 165. Du solt glauben, Dekalog und Sammlung von Gebeten, von anderer Hand. — Quadratnoten. — Gemalte Initiale D auf f. 1'. (Pm. 18.)

- - -

XXIII. Rituale et Processionale.

Verbindung von n. XXII mit n. XXL

1. Rituale et Processionale. 112 f. pap. 15,7 × 10 cm. s. XVI.
Gothische Choralnoten. (E. 398.)

2. Processionale et Rituale monialium Cisterciensium. 91 f. m. 13 × 8,5 cm. s. XV ex.
f. 1. Processionale mit In pvrificacione beginnend und erweitert durch: — 23. Ad mandatum. — 36. Improperien, Adoratio crucis, Litania. — 53. Vidi aquam und andere Antiphonen. — 56'. Suffragia in sepultura. — 60. Ordo ungendi et commendatio, Collectae, Gloria in excelsis. — 80. Ascendentem cristum und andere Antiphonen de Ss. Sacramento und die Sequenz von Ostern Victimae paschali; von mehreren Schreibern. — Quadratnoten. — Gemalte Initiale A auf 80. (Gü. 10.)

3. Processionale et Rituale monialium Dominicanarum. 1—4 f. pap. 5—102 f. m. 21 × 14,5 cm. s. XIV.
f. 1. Sequentia de S. Dominico Mundum vocans. — 6. Lumen ad revelacionem am Anfange des Processionales; dieses erweitert durch: — 22. Ad ablutionem altarium. — 29'. Ad mandatum. — 41. Popule meus. — 56. In receptione praelatorum et legatorum. — 58. In receptione regis und Orationen. — 60. Rituale mit Ad communicandum infirmum beginnend, Modus communicandi et ungendi, Commendatio animae, Modus sepeliendi. — 93. Verbum uite, Responsorium de Ss. Sacramento. — 99. Homo quidam, Ecce panis am Fronleichnamstage, von anderer Hand. — Quadratnoten. — Gemalte Initialen. Vollbilder: f. 5'. Darstellung Jesu im Tempel. f. 12. Einzug Jesu in Jerusalem. f. 22. Christus am Ölberge. f. 30. Die Fusswaschung. f. 45. Christi Himmelfahrt. f. 50'. Unserer Lieben Frauen Ende. (Pm. 21.)

4. Processionale et Rituale monialium Dominicanarum. 65 f. m. 9,5 × 6,5 cm. s. XIV.

f. 1. Wenne man ein swester hat begraben, Anhang zum Ordo sepeliendi. — 1'. Incipit processionale mit In die palmarum und enthält keine Erweiterungen. — 26'. Als ein swester siech wirt, Anfang des Rituales, das deutsche Ritualrubriken und den Ordo communicandi, ungendi und sepeliendi enthält. Gebete auf f. 64' und 65 unvollendet. — Quadratnoten. — Gemalte Initiale l' auf f. 1'. (Pm. 46 a.)

5. Rituale et Processionale monialium Dominicanarum. 171 f. m. 18,7 × 12,5 cm. s. XIV.

f. 1. Non intres, Anfang des Rituales, das nur den Ordo sepeliendi enthält, dazu lat. Ritualrubriken am Fusse von späteren Schreibern. — 36. Busspsalmen mit Litanei. — 65. Pueri hebreorum am Anfange des Processionales; dieses erweitert durch Orationen u.: — 83. Mandatum. — 109'. In festo Corporis Chr. — 135'. In ablutione altarium. — 159. Improperien. — Quadratnoten. — Gemalte Initiale D auf f. 36. (Pm. 70.)

6. Officium defunctorum, Rituale et Processionale monialium Dominicanarum. 226 f. m. 11 × 8 cm. s. XIV.

f. 1. Officium defunctorum. — 85. Rituale, In transitu sororis beginnend, Commendatio animae et Modus sepeliendi. — 138. Septem poenitentiales, Litania, Oratio de B. M. V. — 171. Pveri hebreorum, Processionale, erweitert durch Orationen und Mandatum auf f. 186. — Quadratnoten. — Gemalte Initialen. (Pm. 108.)

7. Processionale et Rituale monialium Dominicanarum. 97 f. m. 14 × 10 cm. s. XIV.

f. 1. Lumen ad revelationem am Anfange des Processionales; dieses erweitert durch: — 16. Ad ablutionem altarium. — 23. Ad mandatum. — 33. Improperien und Orationen. — 45. Ad communicandum beginnend das Rituale. — 46'. Ordo ungendi. — 54'. Commendatio animae et Ordo sepeliendi. — 83. In receptione praelatorum. — 87'. In receptione saecularium principum. — 88'. Deus, qui nobis, in festo Corporis Chr. ad processionem. — Quadratnoten. (Pm. 117.)

8. Processionale et Rituale monialium Dominicanarum. 172 f. m. 173—188 f. pap. 15 × 11 cm. 1439.

f. 2. In festo purificacionis, Anfang des Processionales; dieses erweitert durch: — 20. Ablutio altarium. — 25. Mandatum. — 35'. Improperien, Adoratio crucis und Orationen. — 59'. Mit Ad communicandum beginnt das Rituale und enthält noch: — 61. Ordo ungendi. — 79. Commendatio animae. — 123'. Ordo sepeliendi. — 166. Dis sol der couent; Ritus beim Tode einer Schwester, Antiphonen und Orationen, Symbol. Nicaenum. — 172'. Got mache selig zu aller zit | swester agnes rössin sel vnd lip | die dis büchelin hat geschriben | vnd ir zit do mitte vertriben | von xps geburt zalte sy do | Mccccxxxix ior. — 173. In festo S. Dominici et Corporis Chr. Antiphonen et Pange lingua mit Oration. — Quadratnoten. — Gemalte Initiale L auf f. 2 und am Fusse von f. 59 Einzug Jesu in Jerusalem. (Pm. 109.)

9. **Processionale et Rituale Dominicanum. 142 f. m. 16,2 × 11 cm. s. XV.**

f. 2. purificacio, Anfang des Processionales; dieses erweitert durch: — 21. In ablutione altaris, ohne Musiknoten. — 29 Mandatum. — 42'. Adoratio crucis und Orationen. — 55. Dis liset man, so ein swester hinzücht, Commendatio animae. Dis ist vnsers herren salter, Ps. 21—30. — 77. Quicunque, Antiphonen, Symbolum Nicaenum. — 85. Von anderer Hand: Ordo communicandi, ungendi, Commendatio animae, Ordo sepeliendi mit lat. Ritualrubriken. — 119. Libri generationis Jesu, mit Musiknoten. — 128. Exultet iam angelica turba, am Charsamstage. — 137. Antiphonen de B. M. V. et de S. Joanne Ev., mit Ad te pia beginnend. — Quadratnoten. — Gemalte Initialen. (Pm. 113.)

10. **Processionale et Rituale monialium Dominicanarum. 199 f. m. 15 × 9,3 cm. s. XV.**

f. 2. In festo Purificationis, Anfang des Processionales; dieses erweitert durch: — 17'. In ablutione altarium. — 80. Ad mandatum. — 40'. Improperia. — 52. In die Paschae et sequentibus: Christus resurgens. — 65. Ant. de Ss. Sacramento: Melchisedech rex. — 67. De Sancto, cuius est ecclesia, cum vers. et orationibus Resp. Benedic Domine. — 68'. In receptione. — 72. 15 gradus. — 80. Psalmi de passione Dom. — 91. Symb. Apost., Quicunque, Symb. Nicaen. — 96. Versus. — 97. De S. Dominico Ant. — 97'. von den engelen, von allen heiligen Ant. — 98'. Ps. 114. 115. 117. 118. — 113'. Oratio super agentem in extremis: Proficiscere. — 120. Incipit prohemium de arte moriendi. — 142. Mit De communione infirmi beginnend das Rituale mit Ordo communicandi, ungendi, Commendatio animae, Ordo sepeliendi. — 182. Dis ist die tuschtze nottel von dem Ampt der siechen, zu dem ersten von der bewarunge eines siechen. Deutsche Ritualrubriken. — Quadratnoten. — Gemalte Initialen. (Pm. 4.)

11. **Processionale et Rituale monialium Dominicanarum. 129 f. m. 130—133 pap. 21 × 14,5 cm. s. XV.**

f. 1. Lumen ad revelationem, am Anfange des Processionales; dieses erweitert durch: — 22'. In monte oliveti. — 31'. Mandat. Dominus iesus. — 46. Popule meus. — 57. Verbum uite, Antiphonen für Fronleichnamstag. — 64. Homo quidam, für Fronleichnamstag, 4 Blätte von späterer Hand beschrieben und eingesetzt. — 75. In dedication eccles., Responsorium. — 81. Rituale. Modus communicandi, ungend

Commendatio animae, Modus sepeliendi. — 125. Cives apostolorum.
— 127. Tua est potentia. — 129. In ablutione altarium, Anfangsworte der Versus, Responsorien und Orationen. — 130. Mundum vocans, auf Fronleichnamstag, von neuerer Hand. — 131'. In festo Corporis Chr., 17. Jahrh. — Quadratnoten. — Gemalte Initialen. (Pm. 25.)

12. **Processionale et Rituale monialium Dominicanarum. 93 f. m. 94—98 pap. 20,6 × 14 cm. s. XV.**

f. 1. Lumen ad revelationem, Anfang des Processionales; dieses erweitert durch: — 22'. In ablutione altarium ℞. — 25. Ad mandatum. — 36. Improperia. — 45'. In festo Corporis Chr. — 55'. In dedicatione eccles. — 60. Rituale. Ordo communicandi. — 61. Ordo ungendi. — 72'. Commendatio animae. — 76'. Ordo sepeliendi mit lat. Ritualrubriken. — 90. In receptione ℞. — 93. In ablucione altarium. Resp., Vers., Antiphonen und Orationen in Anfängen, spätere Einträge. — 94. In festo S. Dominici, in Resurrectione, de B. M. V. Antiphonen. 17. Jahrh. — Quadratnoten. — Gemalte Initialen. (Pm. 67.)

13. **Processionale et Rituale monialium Dominicanarum. 120 f. m. 11 × 9 cm. s. XV.**

f. 2. Incipiunt processiones, erweitert durch: — 11. Ad ablutionem altarium. — 22. Ad mandatum. — 32. Improperien. — 35. In die paschae ad processionem und Orationen. — 53. Incipit Sepultura, Ordo sepeliendi. — 67'. Rituale. Ordo communicandi, von hier ab deutsche Ritualrubriken. — 69. Ordo ungendi, septem psalmi poenitentiales, Commendatio animae. — 93. Psalterium D. N. J. Chr. — 99'. Ablutio altarium. — 106'. Adoratio Crucis mit Hymnus, Antiphonen und Hymnen für andere Festzeiten und Litanei. — 117. ℞. ℞. In monte oliveti, Commemorationes. 16. Jahrh. — Quadratnoten. — Gemalte Initialen. (Pm. 112.)

14. **Rituale et Processionale monialium Dominicanarum. 254 f. m. 15,2 × 10 cm. s. XV.**

f. 1'. Collecta in Cena Dni., 2 Kollekten von anderer Hand. — 2. Officium defunctorum. — 104'. Subvenite et Clementissime mit Musiknoten. — 112. Septem psalmos poenitenciales. Rituale. die Commendatio animae von anderer Hand. — 137. Ordo Sepeliendi. — 169. Homo quidam, von anderer Hand. Processionale, ferner erweitert durch: — 191'. Mandatum. — 213. In monte oliueti. — 232'. Adoratio crucis, auf f. 235 von anderer Hand fortgesetzt. — 253'. Collectae pro defunctis et de B. M. V. — Quadratnoten. — Gemalte Initialen. (Pm. 114.)

15. **Rituale et Processionale monialium Dominicanarum. 164 f. m. 16 × 12 cm. s. XV.**

f. 1. Officium defunctorum. — 39. Rituale. Commendatio animae et

Ordo sepeliendi. — 62. Septem psalmos poenitentiales cum Litania, von anderer Hand. — 75. Antiphonen und Responsorien in Quadratnoten zum Officium defunctorum. — 98'. Ecce lignum, Adoratio crucis, Improperia. — 105. Mit Pueri hebreorum beginnt das Processionale; erweitert durch: — 118'. Mandatum. — 139. In festo Corporis Chr. und Orationen. — 159. Als Anhang Ps. 113 und 117. — Quadratnoten. (Pm. 115.)

16. **Processionale et Rituale monialium Dominicanarum.** 132 f. m. 1—60, 107—119, 132 pap. 13 × 10 cm. s. XV.

f. 1. setzt das Symb. Nicaen. fort, das mit einem auf dem innern Vorderdeckel aufgeklebten Pergamentblatt beginnt. 15. Jahrh. — 2. Quicunque vult, das auf f. 3' mit dem vorletzten Verse abbricht. — 4.' Mit Lumen ad revelationem beginnt das Processionale, erweitert durch: — 18. Mandatum. — 26. Improperia et Adoratio crucis. — 36. Suffragia aus dem Ordo sepeliendi. — 48. Versus zum Officium defunctorum. — 51. In festo Corporis Chr. Orationen. — 61. Rituale. De Communione infirmi. — 62'. Ordo ungendi. — 76. Commendatio animae et ordo sepeliendi. — 105. Commemorationes. — 108. Psalmi in Commendatione animae. — 116'. Dis sint di III pr. nr., drei deutsche Gebetsintentionen. — 116'. So es zu lang regnet und Orationen in ablutione altarium. — 123. Dis gebetlin. de passione Dni. — 129'. Vnsers hern salter. Ps. 21—30, mit Orationen, die letzte deutsch. Mehrere Schreiber. — Quadratnoten. — Gemalte Initiale L auf f. 4. Auf f. 1' Vollbild: Joannes Evangelista. (Pm. 116.)

17. **Processionale et Rituale monialium Dominicanarum.** 134 f. m. 11 × 7,5 cm. s. XV.

f. 2. Pveri hebreorum, Anfang des Processionales: dieses erweitert durch: — 9. In ablutione altarium. — 11'. Ad mandatum. — 19. Improperien. — 31. Subvenite, Antequam nascerer, Clementissime, Ps. 117, der auf f. 34' abbricht. — 35. Rituale. Ritualrubriken zum Modus ungendi. — 36. De extrema inunctione, von anderer Hand. Modus ungendi. — 46. Commendatio animae. Modus sepeliendi. — 96'. Busspsalmen mit Litanei. — Quadratnoten. (Pm. 119.)

18. **Rituale et Processionale monialium Dominicanarum.** 135 f. m. 17,4 × 12,8 cm. s. XV.

f. 1. Tantum ergo, die Schlussstrophen des Pange lingua . . . Corporis mysterium, und O salutaris hostia, vorletzte Strophe des Verbum supernum prodiens, beide aus dem Officium in die Corporis Chr. — 2. Ordinarius de | Von der Communion einer siechen swester, der Anfang des Rituales, das mit XXII. n. 10 übereinstimmt. Ordo communicandi. — 4. Ordo ungendi. — 20. Commendatio animae. — 45. Ordo sepeliendi. — 67. Septem psalmi poenitentiales. — 80. Pveri hebreorum, der Anfang des Processionales: dieses erweitert durch: — 87. Ad ablutionem altarium. — 95'. Ad mandatum. — 102'. Improperien, In die Paschae, Corporis Chr., in receptione, Orationes. — 128. Adoratio crucis et Psalterium D. N. J. Chr., Nachtrag von anderer Hand. — Quadratnoten. (x. 11.)

19. Processionale et Rituale monialium Dominicanarum. 99 f. m. 14,3 × 9,6 cm. s. XV.

f. 1'. Pveri hebreorum, Anfang des Processionales; dieses erweitert durch: — 11. Ad ablutionem altarium et ad mandatum. — 35'. Improperien, Adoratio crucis, In die Paschae, Responsoria de B. M. V. und Orationen. — 67. Mit Cum efferendus est defunctus beginnt der Ordinarius sepeliendi; Litania pro infirma mit einem Anhang von Gebeten. — Quadratnoten. (x. 15.)

20. Processionale et Rituale monialium Dominicanarum. 140 f. m. 12,7 × 9 cm. s. XV.

f. 1. Pveri hebreorum, Anfang des Processionales; dieses erweitert durch: — 15. Ad mandatum. — 31. Improperia, Adoratio crucis, in die Paschae und Orationen. — 79. Commendatio animae et Ordo sepeliendi des Rituales. — Quadratnoten. (x. 16.)

Register.

I. Verzeichnis der Orte,

aus welchen die Handschriften in die Grossherzoglich Badische Hof- und Landesbibliothek gelangt sind.

Bruchsal: Breviarium n. 8.
    Evangeliaria n. 4. 5.
Durlach: Horae n. 2.
Ettenheim-Münster: Psalteria n. 4. 28. 29. 47.
    Antiphonarium n. 5.
    Hymnaria n. 6. 7.
    Breviaria n. 2. 17. 18.
    Collectarius n. 4.
    Officia breviarii selecta n. 2—4.
    Vesperale n. 2.
    Horae n. 13.
    Sacramentarium n. 2.
    Gradualia n. 7. 11.
    Directoria n. 2. 6.
    Processionale n. 19.
    Ritualia n. 3. 4.
    Rituale et Processionale n. 1.
Gengenbach: Psalterium n. 20.
Günterthal: Psalteria n. 21. 31.
    Antiphonarium n. 2.
    Hymnaria n. 3. 5.
    Breviarium n. 21.
    Diurna n. 3. 4.
    Processionalia n. 12. 13. 15. 16.
    Processionale et Rituale n. 2.
Helmstedt (von der Hardt): Diurnum S. VIII. Anm.
Karlsruhe: Psalterium n. 23; vgl. S. VIII. Anm.
    Responsoria n. 2.
    Vesperale s. Tauberbischofsheim.
    Missale n. 6.
    Ritualia n. 1. 5.
Lichtenthal: Antiphonarium n. 1.
    Diurnum n. 12.
    Horae n. 1.
Meersburg: Missale n. 5.
Rastatt: Horae S. VIII. Anm.
    Processionale n. 20.
Reichenau: Psalterium n. 1.
    Antiphonarium n. 1.
    Lectionaria. Homiliaria. Passionalia n. 1—3. 4—13.
    Breviaria n. 1. 9. 12.
    Diurnum n. 1.
    Martyrologium n. 1.
    Collectarius n. 1.
    Horae n. 3.
    Sacramentaria n. 3.
    Epistolaria n. 1. 2.

Evangeliaria n. 1. 3.
Sequentiarium n. 1.
Missale n. 1.
Directorium n. 1.
Sankt Blasien: Antiphonarium n. 3.
Lectionarium n. 17.
Breviaria n. 15. 19. 20. 22.
Collectarius n. 2.
Responsoria n. 1.
Vesperale n. 3.
Sacramentarium n. 1.
Gradualia n. 3. 6. 8. 15.
Sankt Georgen: Psalteria n. 6. 7. 13.
14. 25—27. 44.
Antiphonaria n. 6. 7. 17.
Breviaria n. 6. 10. 11. 31. 32.
Diurna n. 2. 21.
Martyrologia n. 3. 4.
Collectarius n. 3.
Horae n. 4—7. 14. 21.
Sequentiarium n. 2.
Missalia n. 7. 12. 13.
Processionale n. 18.
Rituale n. 2.
Sankt Märgen: Lectionarium n. 14.
Sankt Peter: Psalteria n. 2. 3. 5. 8—12.
15—19. 30. 32. 33—38.
40—43.
Antiphonaria n. 16. 18.
Hymnaria n. 1. 2. 8.
Lectionaria. Homiliaria. Passionalia n. 15. 16. 18.
Breviaria n. 3. 13. 24. 25.
27—30.
Diurna n. 5. 7. 8—11. 13—20.
Martyrologium n. 2.
Collectarius n. 5. 6—11.
Officia breviarii n. 1.
Vesperale n. 1.

Horae n. 8. 15—23.
Evangeliarium n. 2.
Lectionarium Missae n. 2.
Gradualia n. 2. 4. 9.
Missalia n. 2. 3. 9—11.
Directoria n. 3—5.
Processionalia n. 1. 2. 4. 5—11.
17.
Ritualia n. 6—12.
Ritualia et Processionalia n.
3—17.
Schuttern: Graduale n. 5.
Missalia n. 4. 8.
Schwarzach: Psalteria n. 22. 24. 46.
Antiphonaria n. 9. 10. 12. 13.
Breviaria n. 4. 14. 16.
Horae n. 12.
Lectionarium Missae n. 1.
Graduale n. 10.
Tauberbischofsheim: Vesperale n. 4.
Thennenbach: Antiphonaria n. 8. 15.
Horae n. 9. 10.
Graduale n. 1.
Wonnenthal: Psalterium n. 45.
Hymnarium n. 4.
Breviaria n. 5. 23.
Diurnum n. 6.
Graduale n. 12.
Processionale n. 14.
Unbestimmter Herkunft: Psalterium
n. 39.
Antiphonaria n. 11. 14.
Breviaria n. 7. 26.
Horae n. 11.
Gradualia n. 13. 14.
Processionale n. 3.
Ritualia et Processionalia n.
18—20.

II. Kunst.

A. Malerei.

1. Initialen.

Jahrhundert:

IX.: Lectionaria. Homiliaria. Passionalia n. 2. 4.
Martyrologium n. 1.
Evangeliarium n. 1.
X.: Lection. Homil. Passional. n. 6.
X—XI.: Lection. Homil. Passional. n. 8.
XI.: Psalterium n. 1.
Lection. Homil. Passional. n. 9.
XII.: Psalteria n. 2. 3.
Antiphonarium u. 4.
Lection. Homil. Passional. n. 10.
Evangeliarium n. 2.
Sequentiarium n. 1.
XIII.: Psalteria n. 5—8. 32. 33.
Lection. Homil. Passional. n. 13.
Breviarium n. 1.
Epistolarium n. 1.
Evangeliaria n. 3. 4.
Graduale n. 1.
XIII—XIV.: Psalteria n. 9. 10. 45.
XIV.: Psalteria n. 11. 13. 30. 31.
Antiphonaria n. 2. 5. 8. 15. 18.
Breviarium n. 9.
Diurnum n. 7.
Martyrologium n. 2.
Collectarii n. 3. 6.
Epistolarium n. 2.
Processionalia n. 3. 6.
Process. et Ritual. n. 2.

Jahrhundert:

XIV—XV.: Diurna n. 8. 9.
Collectarius n. 8.
Graduale n. 12.
Horae n. 1.
XV.: Psalteria n. 17—23. 26. 35—37. 39—42. 46.
Antiphonaria n. 6. 7. 17.
Hymnarius n. 3.
Breviaria n. 11. 12. 25—30. 32.
Diurna n. 4. 10. 11. 14. 15.
Martyrologium n. 4.
Collectarius n. 5.
Horae n. 2—7. 9. 10. 14—17. 20. 22. 23.
Lectionarium Missae n. 2.
Gradualia n. 3—5. 9. 13.
Missalia n. 3. 4. 8. 10. 11.
Ritualia n. 7. 12.
Process. et. Ritual. n. 8—14. 16.
XV—XVI.: Breviarium n. 14.
XVI.: Psalteria n. 24. 28. 29. 43.
Antiphonaria n. 9. 10. 13.
Breviarium n. 7.
Diurna n. 17—20.
Horae n. 18.
Processionalia n. 12. 13.
XVI—XVII.: Graduale n. 11.
XVII.: Collectarius n. 2.
Processionale n. 14.
XVIII.: Responsoria n. 1.

2. Zeichnungen und Vollbilder.

XII.: Psalterium n. 2.
Antiphonarium n. 4.
XIII.: Psalteria n. 7. 33.
Evangeliarium n. 4.
XIV.: Psalterium n. 30.
Missale n. 1.
Process. et Ritual. n. 8.

XV.: Psalterium n. 37.
Antiphonarium n. 17.
Horae n. 2. 4—7.
Gradualia n. 9. 13.
Missalia n. 3. 8. 10. 11.
Process. et Ritual. n. 8. 16.
XVI.: Antiphonarium n. 10.
XVII.: Processionale n. 14.

B. Plastik.

Jahrhundert XIII.: Evangeliaria n. 4. 5.

C. Musik.

Musiknoten (ausser den eigentlichen Gesangbüchern, den Antiphonaria, Hymnaria, Responsoria, Vesperalia, Gradualia, Sequentiaria, Processionalia):
Psalteria n. 4. 8. 14. 16. 17. 24. 25. 27. 29. 30. 36. 37. 43. 47.
Lectionar. Homiliar. Passional. n. 18.
Breviarium n. 1.
Diurnum n. 13.
Collectarii n. 2. 6. 7. 10. 11.
Horae n. 8. 15. 23.
Lectionar. Missae n. 2.
Missalia n. 4. 6. 7. 10—13.
Ritualia n. 2—4. 6—8. 11. 12.

III. Realregister

mit Angabe der Seiten, auf welchen die liturgischen Kunstausdrücke besprochen werden.

A.

Absolutiones 22. 36. 37.
Accessus 2.
Agenda 70.
   „ defunctorum 11. 23. 44.
Alleluia 58.
   „ magnum 55. 60.
ampt 70.
Antiphonae 1. 11. 12. 22. 38. 54. 55. 66.
   „ maiores 12.
Antiphonarium 11. 12. 42. 43. 55.
Ave Maria 1.

B.

Benedictionale 70.
Benedictiones 22. 23. 38. 50. 70.
Breviarium 22. 41. 64.
   „ monialium 22.
Breviatura 64.
briefi 64.

C.

Canon 50. 59.
Cantica 1. 11. 23.
Cantorale 12.
Capitula 1. 38.
Circulus per annum 64.
Collectae 1. 50. 60.
Collectarius 38.
Commemorationes 12. 23. 31. 44.
Commendatio animae 23. 70.
Commune Sanctorum 11. 16. 22. 30. 59.
Communio 54. 55. 60.
Complenda 50. 60.
Confessio Martyrum 19.
Cursus B. M. V. 31. 44.

D.

Dedicatio ecclesiae 11. 59.
   „ altarium 59.
Differentiae tonorum 11.
Directorium 64.
Diurnale 30.
Diurnum 30.
Divisio psalmorum 2.

E.

epistler 51.
Epistolae 51. 53. 54. 60.

Epistolarium 51.
Evangelia 44. 52. 53. 54. 60.
Evangeliarium 52.
evangelier 51.
Evangelistarium 52.
Exsequiae 70.

G.

Gebetsmeinungen 2.
Gesta Sanctorum 19.
Gloria Patri 2. 12. 54.
Graduale 54. 55. 60. 64.

H.

Historia Sanctorum 19.
Historiae 11. 12.
Homiliae 19.
Homiliarium 18. 19.
Horae 44.
Hymnarium 16.
Hymni 1. 11. 16. 22. 23. 30.

I. J.

Intonationes 2. 11.
Introitus 54. 60.
Invitatoria 1. 11. 30.
Invitatorialpsalm 11.
Itinerarium 23.
Jubilatio 58.
Jubilus 58.

K.

Kalender 1. 22. 38. 60.
Kanonbild 59.
Kanontafeln 59.
Kollektner 38.

L.

Laudes-Psalmen 1.
Lectionale 18.
Lectionarium 18. 19. 51.
„ matutinale 18. 19.
„ Missae 18. 53.
„ nocturnale 18.
Lectiones 18. 19.
„ breves 37.
Legenda Sanctorum 19.

Legendae 18.
Lektionenton 18.
letzen, letzgen 18.
Litania 1. 23.

M.

Martyrologium 36.
Matutinales libri 19.
Memoriae 23. 31.
Messformular 54. 60.
mettibuoch 22.
Missae diversae 59.
„ votivae 59.
Missale 50. 54. 59. 60. 61.
„ plenarium 60.
Missales libri 19.
Modus communicandi 70.
„ dicendi 38.
„ inchoandi 38.
„ iuvandi morientes 70.
„ sepeliendi 66. 70.
„ terminandi 38.
„ ungendi 70.
Musiknoten 1. 11. 18. 19. 38. 43. 54. 58. 59. 60. 66.

N.

Neumata 58.
Neumen 19. 60.
Nocturnales libri 19.
Notae 70.
nottel 64. 70.
Notulae 70.

O.

Obsequiale 70.
Offertorium 54. 55. 60.
Officia 38. 41.
„ votiva 22.
Officium 54.
„ B. M. V. 11. 31. 44.
„ defunctorum 11. 23. 31. 44.
Orationes 38. 60. 66.
Ordensregeln 36.
Ordinarium Missae 54.
Ordinarius 64. 70.
Ordo 70.
„ baptizandi 50.
„ communicandi 70.

Ordo confirmandi 50.
" divini officii 64.
" Missae 50. 59.
" pro defunctis 11.
" rei divinae faciendae 64.
" ungendi 70.

P.

Pars aestiva 11. 23.
" hiemalis 11. 23.
Passio 19.
" D. N. J. Chr. 19. 60.
Passionale 18. 19.
Passionsevangelien 60.
Passionspsälterlein 44.
Pater noster 1.
Pneumata 58.
Postcommunio 50. 60.
Preces 38.
Pretiosa 36. 38.
Processionale 66. 73.
Proprium de tempore 11. 16. 19. 22. 23. 30. 50. 59.
Proprium Sanctorum 11. 16. 19. 22. 23. 30. 59.
Prosa 58.
Psalterium 1. 22.
" dispositum 1.
" D. N. J. Chr. 44.
" feriatum 1.
" " cum ordinario 1.
" monasticum 1.
" monialium 2.
Psalmi 30.
" graduum 1. 23. 31.
" poenitentiales 1. 23. 31.

R.

Recessus 2.
Responsoria 11. 12. 22. 42. 55. 66.
" brevia 12.
" magna 12.
Rhythmus 58.
Rituale 66. 70.
" sepulturae 44.
Rubricae 22. 60. 64. 70.

S.

Sacramentale 70.
Sacramentarium 50. 70.
Secreta 50. 60.
Sequentia 54. 55. 58.
Sermones 19.
Sonntagsevangelien 36.
Suffragia 12. 23. 66.
Symbolum apostolicum 1.
" Athanasii 1.

T.

Tabulae tonorum 2. 11.
Te Deum 1. 11.
Tonus psalmi 1. 2. 11.
Tractus 54. 55.
Tropi 58.

V.

Versiculus, Versikel 11. 12. 33.
Versus 1. 11. 12. 22. 55.
" alleluiaticus 55.
" minor 12.
Vesperale 43.
Vigiliae defunctorum 11. 23. 31. 44.
Vitae Sanctorum 19.